Eine Arbeitsgemeinschaft der Verlage

Böhlau Verlag · Wien · Köln · Weimar
Verlag Barbara Budrich · Opladen · Toronto
facultas.wuv · Wien
Wilhelm Fink · München
A. Francke Verlag · Tübingen und Basel
Haupt Verlag · Bern
Verlag Julius Klinkhardt · Bad Heilbrunn
Mohr Siebeck · Tübingen
Nomos Verlagsgesellschaft · Baden-Baden
Ernst Reinhardt Verlag · München · Basel
Ferdinand Schöningh · Paderborn · München · Wien · Zürich
Eugen Ulmer Verlag · Stuttgart
UVK Verlagsgesellschaft · Konstanz, mit UVK/Lucius · München
Vandenhoeck & Ruprecht · Göttingen · Bristol
vdf AG an der ETH Zürich

Klaus Zierer · Karsten Speck · Barbara Moschner

Methoden erziehungswissenschaftlicher Forschung

Mit 21 Abbildungen und 9 Tabellen

Ernst Reinhardt Verlag München Basel

Prof. Dr. *Klaus Zierer,* Prof. Dr. *Karsten Speck* und Prof. Dr. *Barbara Moschner* lehren am Institut für Pädagogik der Universität Oldenburg.

Bibliografische Information der Deutschen Nationalbibliothek

Die Deutsche Nationalbibliothek verzeichnet diese Publikation in der Deutschen Nationalbibliografie; detaillierte bibliografische Daten sind im Internet über <http://dnb.d-nb.de> abrufbar.

UTB-Band-Nr.: 4026
ISBN 978-3-8252-4026-4

© 2013 by Ernst Reinhardt, GmbH & Co KG, Verlag, München

Dieses Werk einschließlich seiner Teile ist urheberrechtlich geschützt. Jede Verwertung außerhalb der engen Grenzen des Urheberrechtsgesetzes ist ohne schriftliche Zustimmung der Ernst Reinhardt, GmbH & Co KG, München, unzulässig und strafbar. Das gilt insbesondere für Vervielfältigungen, Übersetzungen in andere Sprachen, Mikroverfilmungen und die Einspeicherung und Verarbeitung in elektronischen Systemen.

Printed in Germany
Einbandgestaltung: Atelier Reichert, Stuttgart
Covermotiv: © stillkost – Fotolia.com
Satz: Rist Satz & Druck GmbH, 85304 Ilmmünster

Ernst Reinhardt Verlag, Kemnatenstr. 46, D-80639 München
Net: www.reinhardt-verlag.de E-Mail: info@reinhardt-verlag.de

Inhalt

1	**Einleitung**	10
1.1	Ziele des Lehrbuchs	10
1.2	Was ist eine Methode?	12
1.3	Was ist eine wissenschaftliche Methode?	14
1.4	Was ist eine Methode der erziehungs- wissenschaftlichen Forschung?	15
1.5	Zum Aufbau des vorliegenden Buches	16
1.6	Zur Arbeit mit diesem Buch	18
2	**Nicht-empirische Forschungsmethoden**	19
2.1	Hermeneutik	19
2.1.1	Definition und Begriffsgeschichte	20
2.1.2	Theorieansätze	21
2.1.3	Methodisches Vorgehen	23
2.1.4	Gütekriterien	25
2.1.5	Grenzen und Kritik	26
2.1.6	Checkliste	26
2.1.7	Beispiel	29
2.1.8	Übungsaufgabe	29
2.1.9	Literaturempfehlungen	30
2.2	Phänomenologie	30
2.2.1	Definition und Begriffsgeschichte	30
2.2.2	Theorieansätze	32
2.2.3	Methodisches Vorgehen	35
2.2.4	Gütekriterien	36
2.2.5	Grenzen und Kritik	37
2.2.6	Checkliste	37
2.2.7	Beispiel	39
2.2.8	Übungsaufgabe	39
2.2.9	Literaturempfehlung	39

2.3	Dialektik	40
2.3.1	Definition und Begriffsgeschichte	40
2.3.2	Theorieansätze	41
2.3.3	Methodisches Vorgehen	43
2.3.4	Gütekriterien	45
2.3.5	Grenzen und Kritik	45
2.3.6	Checkliste	46
2.3.7	Beispiel	47
2.3.8	Übungsaufgabe	49
2.3.9	Literaturempfehlung	49
3	**Empirische Forschungsmethoden**	**50**
3.1	Forschungsprozess	51
3.1.1	Definition	51
3.1.2	Checkliste	53
3.1.3	Beispiel	54
3.1.4	Übungsaufgaben	61
3.1.5	Literaturempfehlungen	62
3.2	Befragung	62
3.2.1	Definition	63
3.2.2	Theorieansätze	63
3.2.3	Formen	64
3.2.4	Methodisches Vorgehen	70
3.2.5	Gütekriterien	72
3.2.6	Grenzen und Kritik	73
3.2.7	Checkliste	74
3.2.8	Beispiele	76
3.2.9	Übungsaufgaben	78
3.2.10	Literaturempfehlungen	79
3.3	Beobachtung	79
3.3.1	Definition	80
3.3.2	Theorieansätze, Traditionen und Vorarbeiten	82
3.3.3	Formen	84
3.3.4	Methodisches Vorgehen und Protokollierung	87

3.3.5	Gütekriterien	92
3.3.6	Grenzen und Kritik	94
3.3.7	Checkliste	96
3.3.8	Beispiel	98
3.3.9	Übungsaufgaben	100
3.3.10	Literaturempfehlungen	101
3.4	**Test**	101
3.4.1	Definition	102
3.4.2	Theorieansätze	104
3.4.3	Formen	105
3.4.4	Methodisches Vorgehen	106
3.4.5	Gütekriterien	109
3.4.6	Grenzen und Kritik	112
3.4.7	Kurzcheckliste zur Beurteilung eines Tests	113
3.4.8	Beispiel	115
3.4.9	Übungsaufgaben	116
3.4.10	Literaturempfehlungen	116
3.5	**Inhaltsanalyse**	116
3.5.1	Definition	117
3.5.2	Theorieansätze	118
3.5.3	Formen	121
3.5.4	Methodisches Vorgehen	124
3.5.5	Gütekriterien	127
3.5.6	Grenzen und Kritik	130
3.5.7	Checkliste	130
3.5.8	Beispiel	131
3.5.9	Übungsaufgaben	133
3.5.10	Literaturempfehlungen	134
4	**Statistische Verfahren**	**135**
4.1	Einleitung	135
4.2	Wichtige statistische Begriffe	137
4.2.1	Merkmale und Variablen	137
4.2.2	Skalen und Skalierungen	138

4.3	Univariate Deskriptivstatistik	140
4.3.1	Häufigkeiten	140
4.3.2	Lagemaße	141
4.3.3	Streuungsmaße	142
4.4	Bivariate Statistik	143
4.4.1	Kreuztabellen	143
4.4.2	Chi-Quadrat-Test	144
4.4.3	Korrelation	145
4.4.4	Lineare und nicht-lineare Regression	146
4.5	Weitere hypothesentestende Verfahren	147
4.5.1	T-Test	148
4.5.2	Einfaktorielle Varianzanalyse	149
4.6	Metaanalysen	150
4.7	Schlussbemerkung	151
4.8	Checkliste	152
4.9	Übungsaufgaben	153
4.10	Literaturempfehlungen	153
Literatur		154
Sachregister		160

Hinweise zur Benutzung dieses Lehrbuchs

Zur schnellen Orientierung werden in den Randspalten Piktogramme benutzt, die folgende Bedeutung haben:

 Definition

 Beispiel

 Übungsaufgabe

 Literaturempfehlung

1 Einleitung

Das vorliegende Lehrbuch gibt einen Einblick in die Methoden erziehungswissenschaftlicher Forschung.

Die Bedeutung von Methodenbüchern allgemein dürfte weitgehend unstrittig sein, sind Methoden doch der Schlüssel zur systematischen, regelgeleiteten und nachvollziehbaren Erkenntnisgewinnung in der Wissenschaft. Die Weiterentwicklung wissenschaftlicher Erkenntnisse und der Fortbestand einer Wissenschaft sind insofern in einem entscheidenden Maß von den Methodenkenntnissen der Wissenschaftler sowie der Methodendiskussion innerhalb der Scientific Community abhängig.

In diesem Kapitel wird eine Einführung gegeben und das Vorgehen besprochen. Hierzu werden die Ziele erläutert *(Kap. 1.1)*, der Methodenbegriff definiert *(Kap. 1.2)*, der (erziehungs-)wissenschaftliche Anspruch geklärt *(Kap. 1.3 – 1.4)* sowie der Aufbau und der Umgang mit dem vorliegenden Lehrbuch *(Kap. 1.5 – 1.6)* dargestellt.

> *Wenn Sie dieses Kapitel durchgearbeitet haben, sollten Sie wissen,*
>
> 1. *welche Ziele verfolgt werden,*
> 2. *was eine wissenschaftliche Methode ist,*
> 3. *was mit Methoden in der erziehungswissenschaftlichen Forschung gemeint ist und schließlich*
> 4. *welche Systematik für die Methoden erziehungswissenschaftlicher Forschung in diesem Lehrbuch verwendet wird.*

1.1 Ziele des Lehrbuchs

Die Publikationen zu erziehungswissenschaftlichen Forschungsmethoden haben ein hohes Maß an methodologischer Qualität erreicht und inzwischen eine kaum noch überschaubare Anzahl angenommen. Es stellt sich daher die Frage, worin die Ziele einer weiteren Publikation zu „Methoden erziehungswissenschaftlicher Forschung" zu sehen sind.

Warum ein weiteres Buch zu Forschungsmethoden?

Für das vorliegende Buch gibt es zunächst vor allem drei Gründe: Erstens wird die erziehungswissenschaftliche Forschung weniger durch Erziehungswissenschaftler selbst, sondern häufig durch fachfremde Disziplinen und deren Logiken geprägt (vornehmlich Psychologie, Medien- und Kommunikationswissenschaften sowie Soziologie). Dies hat neben der Bereicherung durch andere disziplinäre Logiken zur Folge, dass erziehungswissenschaftliche Forschungsfragen, Theoriezugänge, Begrifflichkeiten, Forschungspraxen und Beispiele zu kurz kommen. Zweitens beschränken sich die erziehungswissenschaftlichen Studienbücher zu Forschungsfragen zumeist entweder auf qualitative oder aber auf quantitative Forschungsansätze, eine übergreifende Darstellung beider Forschungsansätze wird selten versucht. Im Fokus stehen zudem häufig die sogenannten empirischen Methoden, während die im Folgenden als nicht-empirisch bezeichneten Methoden vernachlässigt werden. Drittens werden in den meisten deutschen Methodenpublikationen statistische und methodologische Fragen sehr tiefgründig behandelt, Fragen der praktischen Umsetzung jedoch weitgehend unberücksichtigt gelassen. Ein nicht unbedeutender Teil von Vorurteilen gegenüber Forschungsmethoden könnte hierauf zurückzuführen sein.

Was bietet das vorliegende Lehrbuch?

Das vorliegende Lehrbuch „Methoden erziehungswissenschaftlicher Forschung" will die bestehende Lücke schließen. Es hat drei Ziele: Erstens wird auf der Basis eines genuin erziehungswissenschaftlichen Fokus der Zugang zu den Methoden erziehungswissenschaftlicher Forschung gesucht. Dies bedeutet beispielsweise, dass die Fragestellungen, Praxisbeispiele und Lernaufgaben aus dem erziehungswissenschaftlichen Bereich stammen. Zweitens werden sowohl empirische Forschungsmethoden (Befragung, Beobachtung, Test, Inhaltsanalyse) als auch nicht-empirische Forschungsmethoden (Hermeneutik, Phänomenologie, Dialektik), sowohl quantitative als auch qualitative Ansätze gleichermaßen behandelt. Insofern wird auch für eine Methodenintegration plädiert. Drittens besteht der Anspruch, die praktische Umsetzung von Methoden in der erziehungswissenschaftlichen Forschung angemessen zu behandeln.

Praxisbezug dank Checklisten und Beispielen

Dieser Anspruch wird erfüllt, indem mittels Checklisten, Beispielen und Übungsaufgaben auf Fragen des Forschungsprozesses sowie der Auswertung und Interpretation eingegangen wird.

Die Publikation ist als Einführung in die Methoden der erziehungswissenschaftlichen Forschung konzipiert. Für eine Vertiefung und weitere Bearbeitung der Inhalte werden am Ende jedes Kapitels Literaturhinweise gegeben. Die Einführung in „Methoden erziehungswissenschaftlicher Forschung" richtet sich in erster Linie an Studierende des Lehramts und der Erziehungswissenschaften/Pädagogik, aber auch an Dozenten als Orientierung bei der Vorbereitung von einführenden Lehrveranstaltungen zu den Methoden erziehungswissenschaftlicher Forschung.

1.2 Was ist eine Methode?

zum Begriff Methode

Der Methodenbegriff wird in erziehungswissenschaftlichen Kontexten sehr häufig, aber offensichtlich mit verschiedenen Konnotationen genutzt: Beispielhaft dafür stehen die Begriffe Unterrichtsmethoden, Trainingsmethoden, Handlungsmethoden, Erziehungsmethoden oder Forschungsmethoden. Insgesamt deutet sich eine Kontextabhängigkeit, aber auch eine Vieldeutigkeit des Wortes Methode an.

klassische Verfahren der Begriffsbestimmung

Was kann nun unter einer Methode verstanden werden? Für eine Beantwortung dieser Frage bietet sich das klassische Verfahren der Begriffsbestimmung an, das drei Schritte umfasst: 1. etymologische Analyse, 2. alltagssprachliche Analyse sowie 3. Begriffsexplikation (Carnap 1959).

1. Etymologische Analyse: Zunächst kann der etymologische Ursprung eines Wortes herausgearbeitet werden. Daraus ergibt sich der ureigene Sinn eines Wortes, der im Laufe der Zeit und in der Entwicklung der Sprache oft verloren gegangen ist, für eine Begriffsbestimmung aber wichtige Impulse geben kann. Das Wort Methode kann auf das altgriechische Wort für Nachgehen, Verfolgen (méthodos) zurückgeführt werden.

2. Alltagssprachliche Analyse: Für eine Begriffsbestimmung bietet sich ebenfalls eine Analyse des alltagssprachlichen Gebrauchs des Begriffes an. Auf diesem Weg wird aufgezeigt, welche Bedeutungen der untersuchte Terminus besitzt und welche Bedeutung präzisiert werden soll. Das mithilfe der etymologischen Analyse offengelegte Verständnis – eines bestimmten Weges zu einem Ziel – spiegelt sich auch in der Alltagssprache wider, wie die einleitenden Beispiele verdeutlichen: Im Bereich der Schulpädagogik und Unterrichtspraxis ist mit Methoden häufig eine Orientierung an bestimmten Abläufen zur Förderung des Lehr- und Lernprozesses gemeint (Unterrichtsmethoden). Nicht selten besteht bei Berufsanfängern der Wunsch nach einem ganzen „Methodenkoffer", der Sicherheit für das professionelle Handeln in verschiedenen Situationen verspricht. Vernachlässigt wird dabei nicht nur die unüberbrückbare Theorie-Praxis-Differenz, sondern auch die Komplexität und Heterogenität von Situationen. In der Sportpädagogik wiederum stehen bei der Verwendung des Methodenbegriffs gezielte Übungen zur Vorbereitung auf den Wettkampf im Mittelpunkt des Interesses (Trainingsmethoden). In den Erziehungswissenschaften wird schließlich unter Methoden die Orientierung der Professionellen an definierten Handlungsabläufen zur Erreichung praktischer Ergebnisse (Handlungsmethoden), spezifische Maßnahmen oder Stile von Erziehungsberechtigten zur verhaltensbezogenen Einwirkung auf Kinder und Jugendliche (Erziehungsmethoden) oder aber Wege der Erkenntnisgewinnung (Forschungsmethoden) verstanden. Die alltagssprachliche Analyse verweist hinsichtlich des Methodenbegriffs übereinstimmend auf ein Vorgehen, das auf ein praxisrelevantes Ziel ausgerichtet ist, anhand vorher definierter Regeln erfolgt und eine bestimmte Schrittfolge des Handelns (Plan) umfasst.

3. Begriffsexplikation: Die etymologische und die alltagssprachliche Analyse ergeben zusammen die sogenannte Bedeutungsanalyse. Sie ist nach Rudolf Carnap (1959) die notwendige Vorarbeit für die eigentliche Begriffsexplikation eines Wortes, da sie das historische und gegenwärtige Vorverständnis beleuchtet. In diesem Schritt nun werden zur definitorischen Klärung eines Wortes der nächsthöhere Gattungsbegriff (genus proximum) sowie die Merkmale (differentia specifica), die dieses Wort von den anderen Wörtern der gleichen Gattung abgrenzen, benannt. Dadurch wird ein vages, unklares Wort (das Explikandum) durch eine neue, exakte Formulierung (das Explikat) erläutert und ersetzt (Brezinka 1990).

Nimmt man die bisherigen Überlegungen zum Ausgangspunkt für eine Zusammenfassung, so lässt sich festhalten: **Arbeitsdefinition: Methode**

1. Methoden bezeichnen ein **Vorgehen.** Insofern kann als genus proximum das Wort Vorgehen verwendet werden. Dieses Vorgehen ist mit Blick auf das Wort Methoden weiter zu spezifizieren:
2. Mit dem Einsatz von Methoden wird ein bestimmtes Ziel verfolgt. Insofern ist das damit verbundene Vorgehen stets **intendiert.**
3. Methoden orientieren sich an allgemein anerkannten Regeln und an einem Plan. Demzufolge ist das damit verbundene Vorgehen **regelgeleitet** und **planmäßig.**

Fasst man diese Überlegungen zusammen, so lässt sich folgende Begriffsbestimmung geben:

> **Definition**
> **Methoden** bezeichnen ein intendiertes, regelgeleitetes und planmäßiges Vorgehen von Handelnden, um ein bestimmtes Ziel zu erreichen.

1.3 Was ist eine wissenschaftliche Methode?

Die Bestimmung einer Methode als intendiertes, regelgeleitetes und planmäßiges Vorgehen von Handelnden, um ein bestimmtes Ziel zu erreichen, ist für den wissenschaftlichen Sprachgebrauch noch nicht ausreichend. Denn es ist noch zu klären, was unter einer *wissenschaftlichen Methode* zu verstehen ist. Hierzu sind Fragen zum Selbstverständnis von Wissenschaft zu reflektieren: Was zeichnet eine Wissenschaft aus und was ist folglich allen Wissenschaften gemein? Wodurch wird Arbeiten zum wissenschaftlichen Arbeiten und eine Disziplin zu einer Wissenschaft? Und schließlich: Wodurch wird eine Methode zu einer *wissenschaftlichen Methode?*

zum Begriff Wissenschaft — Wissenschaft lässt sich vereinfacht betrachtet – greift man auf die Erkenntnisse der Wissenschaftstheorie zurück und vernachlässigt dabei die Heterogenität der Wissenschaftsverständnisse (Popper 1984; Kuhn 2002; Plöger 2003, 108f.) – als Ort der Reflexion verstehen, dessen vorrangige Funktionen in der systematischen, regelgeleiteten, ordnenden und fallübergreifenden Erkenntnisgewinnung sowie in der Vermittlung und Verallgemeinerung des gewonnenen Wissens durch Sprache bzw. Gesetze und Theorien bestehen (u. a. Schülein/Reitze 2012; 267; Tschamler 1996, 23). Im Unterschied beispielsweise zum Äußern einer Meinung, die wenig abgesichert, emotional geprägt und aus einer Einzelfallbetrachtung heraus erfolgen kann, muss wissenschaftliches Vorgehen strengen Vorgaben hinsichtlich der Intentionalität, der Regelgeleitetheit und der Planung erfüllen und auf einen fallübergreifenden Erkenntnisgewinn abzielen. Methoden der Forschung dürfen nicht von der Beliebigkeit oder den Kompetenzen der Forscher abhängig sein. Sie ergeben sich vielmehr aus dem Forschungsgegenstand und der Fragestellung.

vier regulative Ideale — In Anlehnung an Holm Tetens (1999) lassen sich daran anknüpfend vier regulative Ideale zur näheren Charakterisierung der Idee von Wissenschaft formulieren:

1. **Das Ideal der Wahrheit:** Wissenschaft beinhaltet kognitive Pflichten, die ihr charakteristisches Wahrheitsethos und Wahrheitspathos ausmachen. Sie darf nicht unkritisch festschreiben, was Menschen glauben oder glauben wollen. Sie muss vielmehr jede Täuschung, jeden Irrtum, jedes Vorurteil und jede Form eines wie auch immer motivierten Wunschdenkens systematisch aufdecken.
2. **Das Ideal der Erklärung und des Verstehens:** Wissenschaft kann sich nicht damit begnügen festzustellen, was in der Welt der Fall ist.

Ihr Anspruch muss weitergehen. Erst wenn sie das, was der Fall ist, erklären kann und versteht, warum dies der Fall ist, hat Wissenschaft ihr Ziel vollständig erreicht.
3. **Das Ideal der epistemischen Rechtfertigung:** Es bedarf einer besonderen Anstrengung, um nachzuweisen, dass eine Meinung über die Welt tatsächlich wahr oder wenigstens eher wahr als falsch ist. Zur Idee der Wissenschaft gehört somit das Streben nach einem solchen Nachweis. Eine wissenschaftliche Aussage muss gerechtfertigt sein und begründet werden.
4. **Das Ideal der Intersubjektivität:** Wissenschaftliche Erkenntnisse müssen intersubjektiv mitgeteilt werden können und sich nachprüfen lassen. Dazu ist eine Verständlichkeit und Klarheit des Ausdrucks unabdingbar.

Eine wissenschaftliche Methode muss diesen Kriterien gerecht werden. Verknüpft man diese Überlegungen mit den Ergebnissen der etymologischen und alltagssprachlichen Analysen sowie der Begriffsexplikation, so lässt sich die bestehende Definition für eine Methode hinsichtlich der Wissenschaftlichkeit folgendermaßen präzisieren:

Arbeitsdefinition: wissenschaftliche Methode

> **Definition:**
> Eine **wissenschaftliche Methode** ist ein intendiertes, regelgeleitetes und planvolles sowie intersubjektiv nachvollziehbares und überprüfbares Vorgehen, um Erkenntnisse zu gewinnen.

1.4 Was ist eine Methode der erziehungswissenschaftlichen Forschung?

Beschränkt man sich im Folgenden – unter Vernachlässigung anderer Methodenverständnisse (z. B. Handlungsmethoden) – ausschließlich auf ein intendiertes, regelgeleitetes und schrittweises Vorgehen, das wissenschaftliche Kriterien einhält und auf eine Erkenntnisgewinnung abzielt, dann bleibt noch zu klären, was eine Methode der *erziehungswissenschaftlichen Forschung* ist.

Die Frage nach der erziehungswissenschaftlichen Forschung ist eng mit dem Verständnis von Erziehungswissenschaft verknüpft und nicht einfach zu beantworten (Benner 2012, 15ff.; Krüger/Rauschenbach 1994; König/Zedler 1983; Kron 1999): So besteht eine erhebliche Schwierigkeit darin, sich über die pädagogische Praxis und die Päd-

zum Begriff Erziehungswissenschaft

agogik als Wissenschaft zu verständigen. Gegenstandsbereiche von Wissenschaften, Wirklichkeitsbereiche und Grundformen menschlichen Handelns sowie Methoden lassen sich per se nicht trennscharf voneinander abgrenzen. Zwischen der Erziehungswissenschaft und anderen Wissenschaftsdisziplinen bestehen beispielsweise deutliche Überschneidungen. Erschwerend kommt hinzu, dass sich die Erziehungswissenschaft in eine Vielzahl von Einzeldisziplinen ausdifferenziert hat und zudem eine Fülle von Praxisfeldern beinhaltet, sodass das Gemeinsame zum Teil nur schwer zu erkennen ist.

Arbeitsdefinition: erziehungswissenschaftliche Methode

Definition:
Im vorliegenden Buch wird in einem weiten Verständnis von **Methoden der erziehungswissenschaftlichen Forschung** dann gesprochen, wenn a) sich die Fragestellung oder der Gegenstand der Forschung mit Bildung und Erziehung beschäftigen (Objektbereich), b) Erhebungs- und Auswertungsmethoden für den erziehungswissenschaftlichen Gegenstandsbereich bzw. durch die erziehungswissenschaftliche Disziplin weiterentwickelt worden sind (Methodenbereich), c) der Anspruch auf ein Aussagesystem zum Bildungs- und Erziehungssystem besteht (Aussagebereich) oder d) die Forscher selbst Erziehungswissenschaftler sind (Professionsbereich).

1.5 Zum Aufbau des vorliegenden Buches

nicht-empirisch versus empirisch

Der Aufbau des vorliegenden Buches orientiert sich an der gängigen, aber nicht unproblematischen Gegenüberstellung von nicht-empirischen und empirischen Methoden. Problematisch erscheint die Gegenüberstellung, weil sie unter Umständen suggeriert, dass die nicht-empirischen Methoden ohne Empirie auskommen bzw. nur die empirischen Methoden sich auf Empirie berufen. Das wäre eine nicht haltbare Position. Hinzukommt das mit der Gegenüberstellung mitunter implizit verbundene Vorurteil, wonach die nicht-empirischen Methoden Forschungsgegenstände aus einer starken subjektivistischen Sicht in den Blick nehmen, während die empirischen Methoden nach objektiven Maßstäben Hypothesen generieren und ggf. prüfen. Auch diese Sichtweise ist bei genauerer Betrachtung nicht haltbar. Wir haben uns nach sehr langen, interdisziplinären Diskussionen vor allem aus erkenntnistheoretischen Gründen für die Gegenüberstellung von nicht-empirischen und empirischen Methoden entschieden und begründen dies folgendermaßen (Zierer 2011):

Vergleicht man verschiedene Methoden erziehungswissenschaftlicher Forschung miteinander, dann wird deutlich, dass die Unterschiede weniger in den Anlässen für die Forschung (Problem als Ausgangspunkt), sondern in der Datenlage zu sehen sind. Es geht darum, ob die Daten bereits vorliegen, die analysiert werden sollen, oder ob die Daten erst noch generiert werden müssen. Somit gibt es also zwei Möglichkeiten, zu einer (neuen) Erkenntnis zu gelangen: Der eine methodische Zugang greift auf bestehende Daten zurück und versucht das Datenmaterial zu *interpretieren*. Der andere methodische Zugang *generiert* zunächst das notwendige Datenmaterial, bevor er es auswertet.

> **Definition:**
> Insofern lassen sich unter **nicht-empirisch** jene Methoden subsummieren, die auf bestehendes Datenmaterial zurückgreifen (Hermeneutik, Dialektik, Phänomenologie).
>
> Mit **empirisch** können demgegenüber jene Methoden zusammengefasst werden, die das Datenmaterial selbst generieren (Beobachtung, Befragung, Test, Inhaltsanalyse).

Arbeitsdefinition: nicht-empirisch
Arbeitsdefinition: empirisch

Mit dieser Unterscheidung wird eine erkenntnistheoretische Differenz formuliert.

Denn in der Praxis geht es nicht immer um ein Entweder-oder, sondern beide Methoden müssen zeitlich versetzt ablaufen (z. B. in größeren Forschungsprojekten und Qualifikationsarbeiten). Infolgedessen sind beide Zugänge voneinander abhängig und aufeinander bezogen, sodass vor diesem Hintergrund für eine Methodenintegration plädiert wird.

Methodenintegration

Ausgehend von diesen Überlegungen orientiert sich der Aufbau des Buches an der skizzierten Differenzierung von nicht-empirischen und empirischen Methoden: Zunächst werden nicht-empirische Methoden vorgestellt, zu denen die Hermeneutik, die Phänomenologie und die Dialektik gezählt werden, weil sie bestehende Daten zum Zweck des Erkenntnisgewinns interpretieren *(Kap. 2)*. Daran anschließend werden empirische Methoden dargestellt, die für die Problemlösung neue Daten generieren und interpretieren *(Kap. 3)*. Zu den zentralen empirischen Methoden der erziehungswissenschaftlichen Forschung gehören die Beobachtung, die Befragung, der Test und die Inhaltsanalyse *(Kap. 3.2–3.5)*. Daneben findet sich ein Kapitel, in dem der Forschungsprozess einer näheren Betrachtung unterzogen wird *(Kap. 3.1)*, und ein Kapitel, in dem **statistische Grundlagen** dargelegt werden *(Kap. 4)*.

Aufbau des Buches

1.6 Zur Arbeit mit diesem Buch

didaktische Grundstruktur

Das vorliegende Buch verfolgt das übergreifende Ziel, eine Einführung in die Methoden erziehungswissenschaftlicher Forschung zu geben. Zum leichteren Verständnis der Forschungsmethoden und zur Sicherung des Lernerfolges verfügt es über eine didaktische Grundstruktur, die in weitgehend allen nachfolgenden Kapiteln eingehalten wird: Jedes Kapitel beginnt mit einer Einleitung, in der ein Überblick über die Inhalte des Kapitels gegeben und die Lernziele benannt werden. Danach wird eine Definition zur jeweiligen Forschungsmethode geliefert und Merkmale der Methode angeführt. Es folgen Ausführungen zu den Theorieansätzen, zu den Formen und zum methodischen Vorgehen. Anschließend wird auf zu beachtende Gütekriterien sowie Grenzen und Kritikpunkte eingegangen. Fast alle Kapitel enden mit einer Checkliste als Hilfestellung zur praktischen Umsetzung des vermittelten Wissens, einem Beispiel zur Veranschaulichung ausgewählter Inhalte sowie einer Übungsaufgabe zur Lernzielkontrolle und -sicherung.

Darüber hinaus haben wir uns bemüht, didaktische Regeln bei der Gestaltung des Buches einzuhalten. Zum einen wurde darauf geachtet, dass – nach dieser Einleitung – jedes Kapitel für sich gelesen und bearbeitet werden kann. Querverweise in den einzelnen Kapiteln machen auf Bezüge zu anderen Inhalten des Buches aufmerksam. Zum anderen wurden zur besseren Verständlichkeit des Buches Hervorhebungen, Stichwörter am Rand, Abbildungen und Tabellen sowie zur Vertiefung und Weiterarbeit ausgewählte Literaturhinweise eingebaut.

Ein besonderer Dank ergeht an Heinke Blendermann für seine Mitarbeit.

Wir hoffen, dass das vorliegende Buch einen interessanten und fundierten Überblick zu Methoden erziehungswissenschaftlicher Forschung gibt.

Oldenburg, im April 2013

Klaus Zierer, Karsten Speck und Barbara Moschner

2 Nicht-empirische Forschungsmethoden

In der Erziehungswissenschaft existieren im Wesentlichen drei nicht-empirische Forschungsmethoden: die Hermeneutik *(Kap. 2.1)*, die Phänomenologie *(Kap. 2.2)* und die Dialektik *(Kap. 2.3)*. Alle drei sind maßgeblich in Nachbardisziplinen, in erster Linie in der Philosophie, entwickelt und dann erst in erziehungswissenschaftliche Kontexte übertragen worden. Der Versuch, die damit verbundenen Traditionslinien im Detail nachzuzeichnen, würde den Rahmen des vorliegenden Buches nicht nur sprengen, sondern auch das eigentliche Ziel verfehlen. Aus diesem Grund konzentrieren sich die nachfolgenden Ausführungen auf die Aspekte:

1. Definition und Begriffsgeschichte
2. Theorieansätze
3. Methodisches Vorgehen
4. Gütekriterien
5. Grenzen und Kritik
6. Checkliste
7. Beispiel
8. Übungsaufgabe
9. Literaturempfehlungen

2.1 Hermeneutik

Die Hermeneutik ist eine zentrale erziehungswissenschaftliche Forschungsmethode, bei der es vor allem um das Verstehen und das Auslegen von Texten geht. In diesem Kapitel werden grundlegende Annahmen der Hermeneutik erläutert. Darauf aufbauend werden wichtige hermeneutische Theorieansätze beschrieben und in ihrer historischen Entwicklung nachgezeichnet *(Kap. 2.1.2)*. Es folgt die Darstellung zentraler Elemente des hermeneutischen Vorgehens in erziehungswissenschaftlichen Kontexten *(Kap. 2.1.3)*. Eine Checkliste *(Kap. 2.1.6)* fasst das Wesentliche zusammen. Anhand eines Beispieltextes *(Kap. 2.1.7)* können hermeneutische Methoden nachvollzogen und geübt werden.

Wenn Sie dieses Kapitel durchgearbeitet haben, sollten Sie wissen,

1. was unter Hermeneutik zu verstehen ist,
2. welche theoretischen Ansätze zu unterscheiden sind und
3. welches die zentralen methodischen Schritte eines hermeneutischen Vorgehens sind.

2.1.1 Definition und Begriffsgeschichte

Ursprung des Begriffes Das Wort *Hermeneutik* hat seinen etymologischen Ursprung im altgriechischen *hermeneúein,* was vor allem bei der Interpretation von Orakelsprüchen, göttlichen Botschaften sowie grundlegenden Texten verwendet wurde und mit *erklären, auslegen, deuten, interpretieren* übersetzt werden kann. In der griechischen Mythologie findet sich außerdem Hermes, der Überbringer und Übersetzer göttlicher Botschaften ist, was ebenfalls auf die Notwendigkeit des Verstehens einer Nachricht hindeutet.

wissenschaftlicher Sprachgebrauch Wissenschaftlich betrachtet wurde dieses Vorgehen vor allem von Platon (427–348 v. Chr.) und Aristoteles (384–322 v. Chr.) sowie später von Origenes (185–254) und Augustinus (354–430) reflektiert, die der Frage nachgingen, wie Erkenntnis möglich ist und wie Sinn in Sprache und Sprache in Sinn verwandelt werden kann (Seiffert 1992; Grondin 2001; Danner 2006; Veraart/Wimmer 2008). Im Mittelalter erfährt die Hermeneutik eine zunehmende Bedeutung, insbesondere bei der Auslegung von Bibeltexten und in der Jurisprudenz. Beispielsweise bildete sich die Meinung heraus, dass die Bibel einen äußeren Mantel, den cortex, besitzt. An diesem lassen sich Semantik und Grammatik untersuchen. Umschlungen davon ist der Kern, der nucleus, der den Sinn eines Textes trägt und dementsprechend erforscht werden kann.

Diese allegorische Methode, also die Ermittlung des verborgenen Sinnes eines Textes, der sich vom wörtlichen Sinn unterscheidet, erfuhr im Mittelalter in erster Linie vonseiten der Reformation Kritik. Allen voran sind hier Martin Luther (1483–1546) und Phillip Melanchton (1497–1560) zu nennen. Sie forderten eine Rückbesinnung auf den Wortlaut der Bibel, dem ohne Vorurteile und frei von subjektiven Annahmen und Einschätzungen zu begegnen sei. Insofern bestand die Aufgabe einer Exegese darin, den einzigen Sinn der Bibel offenzulegen.

Johann Conrad Dannhauer In die Zeit dieser Kontroversen fällt auch das Wirken von Johann Conrad Dannhauer (1603–1666), der 1654 das Werk „Hermeneutica sacra sive methodus exponendarum sacrarum litterarum" veröffentlichte. Damit verwendete er wohl als Erster den Begriff Hermeneutik als Terminus technicus und betonte zudem die Stellung einer allgemeinen Hermeneutik, unabhängig von theologischen oder juristischen Fragestellungen.

Definition:

In der Alltagssprache taucht der Begriff **Hermeneutik** nicht auf, auch wenn im alltäglichen Leben ständig Verstehensprozesse ablaufen. Insofern lässt sich festhalten, dass Hermeneutik ein wissenschaftlicher Begriff, ein **Terminus technicus** ist. In einer allgemeinen Bestimmung kann er als *Auslegungskunst* umschrieben werden, bei der es darum geht, nicht nur Texte, sondern alle möglichen menschlichen Schöpfungen und Erscheinungen zu verstehen, zu deuten, zu interpretieren und den tieferen Sinn offenzulegen.

Hermeneutik als Terminus technicus

2.1.2 Theorieansätze

Rückblickend hat es zahlreiche Theorieansätze zur Hermeneutik gegeben, die hier nicht alle dargestellt werden können. Im Folgenden werden drei Ansätze beschrieben, die einerseits wissenschaftshistorisch zusammenhängen und andererseits eine hohe Bedeutung für den erziehungswissenschaftlichen Bereich haben. Die Rede ist von den Ansätzen von Friedrich Daniel Ernst Schleiermacher (1768–1834), Wilhelm Dilthey (1833–1911) und Hans-Georg Gadamer (1900–2002).

Verstehen bedeutet für Friedrich Daniel Ernst Schleiermacher (1977) eine grammatische und psychologische Reproduktion. Diese verlangt vom Interpreten eine umfassende Identifikation mit dem Autor und ein vollständiges Hineintauchen in dessen Zeit und Kontext, was Schleiermacher als Divination bezeichnet. Im günstigsten Fall kommt es zu einer Verschmelzung und zu einem eineindeutigen Verstehen: Dem Interpreten gelingt es, genau das zu verstehen, was der Autor mitteilen wollte, wie *Abbildung 1* veranschaulicht.

Schleiermacher: eineindeutiges Verstehen

Bei Wilhelm Dilthey (1990) kommt es im Vergleich zu Schleiermacher zu einer Akzentverschiebung: Der Interpret hat in diesem Ansatz nicht mehr die Aufgabe, vollständig in Person, Werk und Kontext des Autors einzutauchen. Ganz unabhängig davon, ob dies prinzipiell möglich ist, hält Dilthey es für entscheidend, dass der Interpret seinen

Dilthey: besseres Verstehen

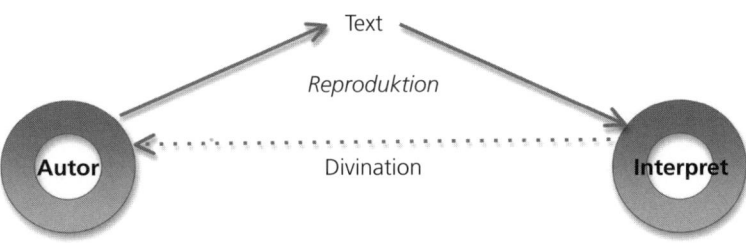

Abb. 1: Eineindeutiges Verstehen

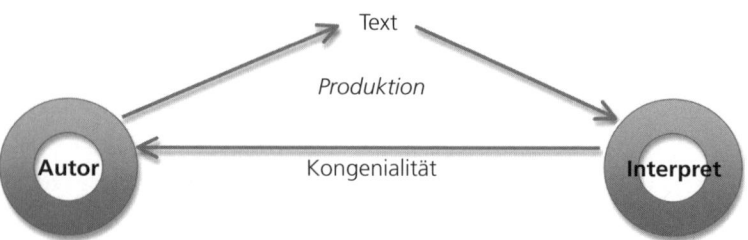

Abb. 2: Besseres Verstehen

Lebenszusammenhang und seinen Erlebnishorizont in den Vorgang des Verstehens einbringt. Verstehen ist damit mehr als Reproduktion. Es erhält ein produktives Element und ermöglicht somit ein besseres Verstehen: Der Interpret hat die Möglichkeit, aus seiner zeitlichen Perspektive heraus den Autor und seinen Text in dessen Entstehungshintergrund zu betrachten. Er hat damit mehr Informationen zur Verfügung als der Autor selbst. Wilhelm Dilthey spricht in diesem Kontext von der Kongenialität von Autor und Interpret *(Abb. 2)*.

Gadamer: anderes Verstehen

Die Rolle des Interpreten wird bei Hans-Georg Gadamer (2010) weiter gestärkt, indem er dem Interpreten nicht nur einräumt, dass dieser aus seiner historischen Situation heraus mehr Informationen besitzt als der Autor selbst. Hans-Georg Gadamer geht vielmehr davon aus, dass diese historische Situation selbst für den Interpreten ein unüberwindbares Faktum darstellt und eine historische Differenz zur Folge hat, die auf das Verstehen Einfluss nimmt. Daraus entstehen Vorurteile und auch ein Vorverständnis, die einfließen, wenn sich ein Interpret an einen Text herantastet. Insofern liegt jedem Verstehen ein applikatives Moment zugrunde, das zwischen Vergangenheit und Gegenwart zu vermitteln versucht. Da jeder Interpret eine je eigene historische Situation mit sich bringt, kann Verstehen immer nur ein anderes Verstehen sein und es mündet somit in einen unendlichen

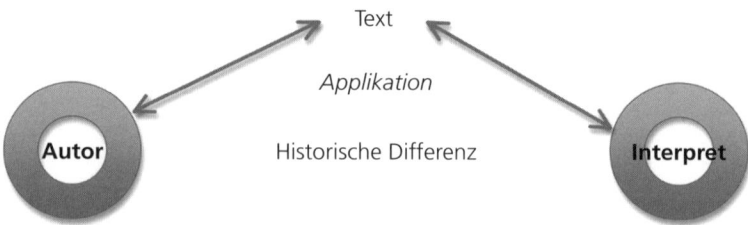

Abb. 3: Anderes Verstehen

Dialog. Der Interpret kann nicht über seiner eigenen Geschichte stehen, sondern braucht diese, um für sich einen Zugang zum Text zu finden. *Abbildung 3* veranschaulicht die erläuterten Zusammenhänge.

Wie bereits erwähnt, gibt es neben den dargestellten Ansätzen von Schleiermacher, Dilthey und Gadamer weitere Ansätze einer Hermeneutik. Zu nennen sind unter anderem Baruch de Spinoza (1632–1677), Georg Friedrich Meier (1718–1777), Friedrich Ast (1787–1841), Johann Gustav Droysen (1808–1884), Martin Heidegger (1889–1976) und in jüngster Zeit Paul Ricoeur (1913–2005), Karl-Otto Apel (1922), Jürgen Habermas (*1929) und Jacques Derrida (1930–2004). Ihnen gemein ist, dass sie alle im Umkreis der dargestellten Ansätze zu verorten sind.

Im Folgenden werden zentrale Elemente der Hermeneutik als erziehungswissenschaftliche Forschungsmethode erläutert. Dabei wird im Wesentlichen der hermeneutischen Tradition in der Folge von Hans-Georg Gadamer der Vorzug gegeben, weil sie mehr als alle anderen Ansätze die historische Situation des Interpreten berücksichtigt und die Möglichkeit eröffnet, das zu Verstehende auf das Hier und Jetzt zu übertragen, was vor allem im Kontext erziehungswissenschaftlicher Fragestellungen von grundlegender Bedeutung ist.

2.1.3 Methodisches Vorgehen

Die bisherigen Ausführungen lassen erkennen, dass der Begriff des Verstehens im Zentrum der Hermeneutik steht. Insofern bedarf dieser einer tiefergehenden Betrachtung. Zu diesem Zweck erscheint die Unterscheidung zwischen Verstehen und Erklären hilfreich, wie sie von Wilhelm Dilthey in seinen bekannten Worten grundgelegt wurde: „Die Natur erklären wir, das Seelenleben verstehen wir" (Dilthey 1924, 144).

Unterscheidung zwischen Verstehen und Erklären

Am Beispiel eines behinderten Kindes kann dieser Zusammenhang verdeutlicht werden: Eine Behinderung lässt sich häufig durch einen genetischen Defekt erklären. Was diese Behinderung aber für den einzelnen Menschen bedeutet, welche Konsequenzen sie für das Leben hat und wie aus pädagogischer Sicht damit umzugehen ist, alle diese Fragen erfordern Antworten, die auf Verstehensprozessen basieren. Insofern verfolgt Verstehen das Ziel, Bedeutung und Sinn von vielfältigen Gegebenheiten offenzulegen, und richtet sich häufig auf Menschliches, beispielsweise in Form von Texten, aber auch anderen sprachlichen und nicht-sprachlichen Ausdrucksformen und Handlungen.

Was ist damit gemeint?

Wie ist Verstehen möglich? Damit ist ein weiteres zentrales Problem der Hermeneutik genannt: Wie ist Verstehen überhaupt möglich? Wie kann ein Mensch den Sinn dessen, was ein anderer Mensch getan oder gesagt hat, verstehen? Wie lässt sich die Differenz zwischen Verstehendem und zu Verstehendem überwinden? Eine mögliche Antwort kann mithilfe der Unterscheidung von subjektivem und objektivem Geist in Anlehnung an Georg Wilhelm Friedrich Hegel (1770–1832) formuliert werden (Hegel 1986): Während der subjektive Geist alle möglichen menschlichen Gefühle, Gedanken, Vorstellungen und dergleichen umfasst, stellt der objektive Geist die Vergegenständlichung des subjektiven Geistes dar und hat somit einen zwischenmenschlichen Charakter. Er kann von anderen Subjekten mithilfe ihrer Wahrnehmungen, Sprache und Vernunft erkannt werden.

hermeneutischer Zirkel Mit diesen Überlegungen wird zudem deutlich, dass es sich beim Verstehen stets um einen Prozess handelt, der weder abschließbar noch linear zu sehen ist. Man spricht daher auch von einem hermeneutischen Zirkel, der vermutlich zuerst von Friedrich Ast (1778–1841) formuliert wurde (Ast 1808). Auch hierzu ein Beispiel:

 Eine Lehrkraft nimmt bei einem Schüler Disziplinprobleme wahr und muss feststellen, dass ihre Kompetenzen mit Blick auf das derzeitig vorhandene Verständnis der Situation nicht ausreichen, um diese künftig bewältigen zu können. Sie holt sich folglich bei Kolleginnen und Kollegen, aber auch in der Literatur Rat. Dadurch erhält sie, basierend auf ihren bisherigen Erfahrungen, ein neues, erweitertes Bild von dem Schüler und ihr Vorverständnis wird in ein neues Verständnis überführt.

Der Verstehensprozess kann mehrfach wiederholt werden und ist letzten Endes unendlich. Also gilt auch in diesem Kontext das Wort des unendlichen Dialoges.

Dieses Hin und Her zwischen Vorverständnis und Verständnis, das wiederum zu einem neuen Vorverständnis wird, um sodann durch ein neues, erweitertes Verständnis ersetzt zu werden, manifestiert ein Paradoxon menschlichen Verstehens: Das, was verstanden werden soll, muss in irgendeiner Weise – egal, ob richtig oder falsch – bereits verstanden sein.

hermeneutische Spirale Das angesprochene Wechselspiel zwischen Vorverständnis und erweitertem Verständnis lässt sich auf mehrere Bereiche übertragen. Beispielhaft zu nennen ist das Wechselspiel zwischen Theorie und Praxis, wie es Lehrkräfte vor allem in konfliktreichen Unterrichtssituationen erleben, oder zwischen dem Ganzen und seinen Teilen, wie es beim Lesen eines Buches zutage tritt. Und da mit jeder Kreisbewegung in der Regel ein höheres Verständnis erreicht wird, wird in der Literatur auch von einer hermeneutischen Spirale gesprochen *(Abbildung 4)*.

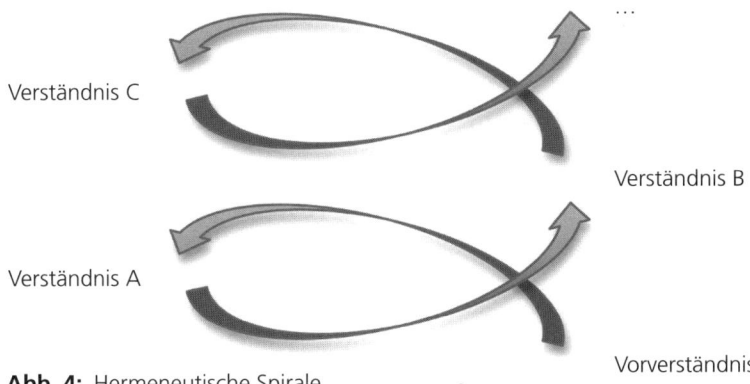

Abb. 4: Hermeneutische Spirale

2.1.4 Gütekriterien

Wie für andere Forschungsmethoden auch, sind an hermeneutische Verfahren fachliche Maßstäbe (Gütekriterien) anzulegen. Eine hermeneutische Auswertung muss unter anderem das Vorverständnis und die eigene Subjektivität reflektieren, regelgeleitet vollzogen werden, empirisch und argumentativ abgesichert sein und die Grenzen der Verallgemeinerbarkeit angeben (Steinke 1999).

Es wurde bereits darauf hingewiesen, dass Verstehen nicht allgemeingültig sein kann. Zu sehr hängt es von räumlichen und zeitlichen Faktoren, beides Grundkategorien des Menschen, sowie von indivi-

Intersubjektivität des Verstehens

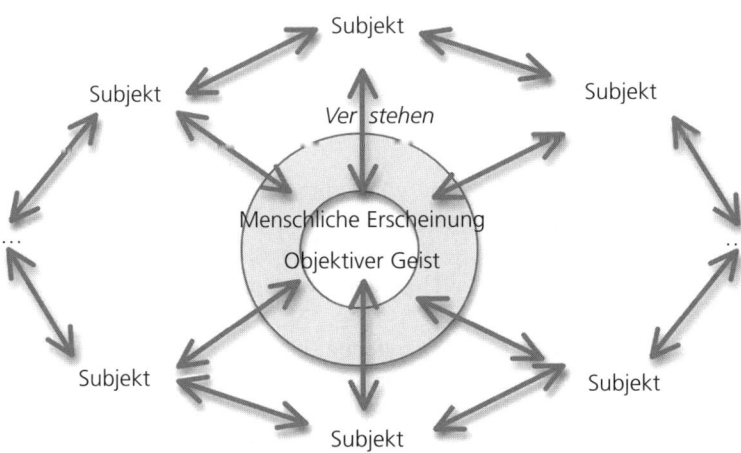

Abb. 5: Intersubjektive Nachvollziehbarkeit

duellen Eigenschaften ab. Dies darf jedoch nicht dazu führen, dass wissenschaftliches Verstehen letztendlich beliebig und subjektiv ist. Spätestens mit der Artikulation erfährt das Verstehen selbst eine mögliche Objektivierung und kann somit einer intersubjektiven Überprüfung zugänglich gemacht werden. Diese einzufordernde Intersubjektivität des Verstehens wiederum muss sich jedes Mal aufs Neue an der Sache bewähren, die es verstanden haben will. Insofern ist ein entscheidendes Gütekriterium, das an die Hermeneutik als wissenschaftliche Methode zu richten ist, weniger mit den klassischen Gütekriterien der empirischen quantitativen Forschung (Validität, Reliabilität und Objektivität), sondern vielmehr mit dem Postulat der intersubjektiven Nachvollziehbarkeit zu bezeichnen *(Abbildung 5)*.

2.1.5 Grenzen und Kritik

unendlicher Dialog Angesichts der angestellten Überlegungen liegen sowohl Grenzen als auch Kritik an einem hermeneutischen Vorgehen auf der Hand: Zunächst ist festzuhalten, dass die Hermeneutik nicht von sich aus produktiv werden kann. Sie ist in diesem Sinn auf Gegebenes angewiesen, beispielsweise auf bestehende Texte, aber auch Daten empirischer Forschung. Des Weiteren ist angesichts der Intensität und Komplexität des Verstehensprozesses nur eine begrenzte Anzahl an sprachlichen und nicht-sprachlichen Gegebenheiten analysierbar. Neben diesen formalen Aspekten ist aber auch auf einen Aspekt hinzuweisen, der der Hermeneutik immanent ist und schon angesprochen wurde. So wurde betont, dass ein hermeneutisches Vorgehen einen unendlichen Dialog eröffnet und in diesem Sinn nie abgeschlossen ist.

2.1.6 Checkliste

Hilfen für den Interpreten Wenn es im Folgenden darum geht, eine Checkliste für hermeneutisches Arbeiten in der Erziehungswissenschaft zu formulieren, dann nicht mit der Intention, eine Technologie bereitzustellen. Dies würde dem Grundverständnis der Hermeneutik und dem hermeneutischen Zirkel widersprechen.

Verstehensprozess reflektieren Die nachfolgenden Regeln verstehen sich vielmehr als Hilfestellung für Interpreten, um den Verstehensprozess reflektieren und kritisch-konstruktiv betrachten sowie den Prozess des Verstehens regelgeleitet vornehmen zu können (Rittelmeyer/Parmentier 2008; Danner 2006; Klafki 1971):

❑ **Offenlegung des Vorverständnisses:** Das Vorverständnis ist Voraussetzung für das Verstehen jeglicher menschlicher Schöpfungen und Erscheinungen – unabhängig davon, ob damit Texte, Daten sowie andere sprachliche und nicht sprachliche Gegebenheiten gemeint sind. Für eine reflektierte Haltung ist das Offenlegen des Vorverständnisses der erste Schritt eines hermeneutischen Vorgehens. Dies schließt die Formulierung einer Hypothese ein, die für die Auseinandersetzung mit einem Text leitend sein kann.

Bei der Interpretation der PISA-Ergebnisse ist es beispielsweise notwendig, sich zunächst über den eigenen Kompetenzbegriff bewusst zu werden und diesen dann mit dem Anspruch und der Umsetzung, wie er der PISA-Studie zugrunde liegt, zu vergleichen.

❑ **Offenlegung der Fragestellung:** Menschliches Denken vollzieht sich immer aus einer bestimmten Perspektive heraus. Karl Popper hat diesen Sachverhalt als „Scheinwerfertheorie" bezeichnet (Popper 1984). Im Fall eines hermeneutischen Vorgehens erscheint es wichtig, sich zu Beginn über seine eigene Fragestellung Klarheit zu verschaffen, die eine Fokussierung beim Vorgehen und eine Beantwortung am Ende ermöglicht.

So kann man, um das eben gegebene Beispiel aufzugreifen, die PISA-Ergebnisse vor dem Hintergrund mathematikdidaktischer Fragestellungen betrachten oder aber eine migrationsspezifische Fragestellung heranziehen. In Abhängigkeit von der Fragestellung ergeben sich andere Befunde und Interpretationen.

❑ **Quellenkritik:** Menschliches Handeln findet stets in bestimmten Kontexten statt, die wechselseitig in Beziehung stehen. Insofern ist es für das Verstehen menschlicher Schöpfungen und Erscheinungen hilfreich, den Kontext genauer zu betrachten. Im Fall eines Textes ist beispielsweise eine Quellenkritik wichtig, in der der Autor mit seiner Biografie und auch die Bibliografie analysiert und disziplinspezifische, aber auch gesellschaftliche Verwertungen in den Blick genommen werden. Zudem kann es bei Büchern von Bedeutung sein, in welcher Auflage und mit welchen Überarbeitungen sie vorliegen oder ob sie übersetzt wurden und, wenn ja, von wem.

Bei der PISA-Studie sind die damit verbundenen Hintergründe für das Verständnis der erhobenen Ergebnisse nicht unerheblich. Beispielsweise ist es nicht bedeutungslos, dass PISA in Auftrag gegeben wird von der OECD, also der Organisation für wirtschaftliche Zusammenarbeit und Entwicklung. Vor diesem Hintergrund erscheinen die Fokussierung auf Mathematik, Naturwissenschaften und Lesen sowie die damit verbundenen Überlegungen zum „Humankapital" verständlicher.

- **Ideologiekritik:** An die Quellenkritik schließt sich unmittelbar die nächste Regel an, die vor allem von Jürgen Habermas (1973; 2011) in seinen Überlegungen zur Hermeneutik hervorgehoben wird. Gesellschaftliche Verwerfungen nehmen – ebenso wie persönliche Interessen – Einfluss auf Forschungen. Dabei kann es durchaus sein, dass dieser Zusammenhang den Autoren und Wissenschaftlern nicht bewusst ist. Der Interpret hingegen muss diese Verwerfungen wahrnehmen, sie deuten und kritisch hinterfragen.

  Die PISA-Studie ist vor diesem Hintergrund – jenseits ihrer fachwissenschaftlichen, didaktischen und schulpädagogischen Ausrichtung – als politisch initiierte und intendierte Untersuchung zu sehen, die in der Praxis zudem mit wirtschaftlichen und wissenschaftsbezogenen Interessen verknüpft ist. Ähnliches gilt auch für andere Studien (z. B. bei partei- oder unternehmensnahen Studien und Texten).

textbezogene Analysen

- **Argumentative Analyse:** Prinzipiell kann ein Text als eine logische und (möglichst) widerspruchsfreie Bündelung von Argumenten mit einer textimmanenten Argumentation verstanden werden. Die Argumente sowie die Argumentation gilt es wahrzunehmen und offenzulegen, um diese nachzuvollziehen und kritisch prüfen zu können. Hierfür kann es hilfreich sein, das Wechselspiel zwischen den Teilen und dem Ganzen, also zwischen den einzelnen Argumenten und ihrer Stellung in der Argumentation transparent zu machen. Ein erster Blick auf die Struktur des Textes und seine Gliederung, die Anzahl der Unterpunkte und Zwischenüberschriften, die Länge der einzelnen Passagen im Verhältnis zueinander usw. liefert zu diesem Zweck wichtige Anhaltspunkte.

- **Semantische Analyse:** Zahlreiche Theorien und Studien basieren auf einer eigenen Terminologie, ohne deren Kenntnis der Zugang zum Text und dessen Verstehen nicht möglich ist. Das Verständnis zentraler Schlüsselbegriffe ist Voraussetzung für das Verstehen eines Textes oder einer Studie und muss dementsprechend erarbeitet werden.

  Man denke an dieser Stelle zum Beispiel an die Begriffe „Regierung" und „Zucht" bei Johann Friedrich Herbart (2011), aber ebenso an den Kompetenzbegriff in der PISA-Studie.

- **Syntaktische Analyse:** Neben der eben angesprochenen semantischen Struktur sind auch die syntaktischen Mittel in den Fokus zu nehmen. Beispiele hierfür sind die bekannten Relationen wenn – dann und je-desto. Ihre Bewusstmachung und Offenlegung sind für Verstehensprozesse unabdingbar.

> Gerade bei der Zusammenfassung empirischer Daten, wie beispielsweise auch bei der Darstellung und Interpretation von Ergebnissen der PISA-Studien, wird häufig auf solche und ähnliche syntaktische Mittel zurückgegriffen, die kritisch zu hinterfragen sind.
>
> ❏ **Texttypologie:** Schlussendlich kann es wichtig sein, sich im Rahmen eines hermeneutischen Vorgehens auch die Textsorte genauer anzusehen. Denn es macht einen Unterschied, ob es sich beim zu verstehenden Text um eine Erzählung, eine biografische Notiz, eine Beschreibung, eine Streitschrift, einen Forschungsbericht usw. handelt.

Es ist darauf hinzuweisen, dass bei der Umsetzung der aufgeführten Regeln immer ein Wechselspiel zwischen Vorverständnis und erweitertem Verständnis notwendig ist. Verstandene Sinn- und Wirkungszusammenhänge können dadurch immer von Neuem auf die Probe gestellt und verfeinert, korrigiert oder gar verworfen werden. Nur durch dieses Wechselspiel ist ein erweitertes Verstehen möglich. **Hinweis**

2.1.7 Beispiel

Wolfgang Klakfi ist dem erziehungswissenschaftlichen Diskurs vor allem wegen seiner Bildungstheorie bekannt. Er hat aber auch eines der gründlichsten und wohl meist zitierten Beispiele für ein hermeneutisches Vorgehen vorgelegt, auf das an dieser Stelle verwiesen wird (Klafki 1971). Klafki nimmt darin ein Manuskript Wilhelm von Humboldts aus dem Jahr 1809 zum Ausgangspunkt für seine Interpretation und durchläuft daran alle weiter oben genannten Schritte hermeneutischen Arbeitens.

2.1.8 Übungsaufgabe

„Nur wer erwachsen wird und Kind bleibt, ist ein Mensch."
Dieses Zitat stammt von Erich Kästner. Unternehmen Sie mithilfe eines hermeneutischen Vorgehens den Versuch, dieses Zitat im Hinblick auf Ihr Studium und Ihre zukünftige Rolle als Pädagoge zu verstehen. Gehen Sie dabei auf alle Aspekte des methodischen Vorgehens ein.

2.1.9 Literaturempfehlungen

Die beiden folgenden Bücher sind gelungene erziehungswissenschaftliche Einführungen in die Hermeneutik:

Danner, H. (2006): Methoden geisteswissenschaftlicher Pädagogik. Ernst Reinhardt, München/Basel

Rittelmeyer, C., Parmentier, M. (2007): Einführung in die pädagogische Hermeneutik. WBG, Darmstadt

2.2 Phänomenologie

In diesem Kapitel wird die Phänomenologie als erziehungswissenschaftliche Forschungsmethode behandelt. In einem ersten Schritt werden terminologische Vorüberlegungen angestellt, um das Grundverständnis der Phänomenologie aufzuzeigen. Darauf aufbauend werden in einem zweiten Schritt wichtige phänomenologische Theorieansätze beschrieben *(Kap. 2.2.2)* und in ihrer historischen Entwicklung nachgezeichnet. In einem dritten Schritt folgt die Darstellung zentraler Elemente eines phänomenologischen Vorgehens in erziehungswissenschaftlichen Kontexten *(Kap. 2.2.3)*, die schließlich in einem vierten Schritt münden, in dem in Form einer Checkliste das Gesagte zusammengefasst wird *(Kap. 2.2.6)*. Abgeschlossen wird dieses Kapitel mit einem Beispieltext *(Kap. 2.2.7)* und einer Übungsaufgabe *(Kap. 2.2.8)* als fünften und sechsten Schritt sowie Literaturempfehlungen *(Kap. 2.2.9)*.

> **Wenn Sie dieses Kapitel durchgearbeitet haben, sollten Sie wissen,**
> 1. was unter Phänomenologie zu verstehen ist,
> 2. welche theoretischen Ansätze zu unterscheiden sind und
> 3. welches die zentralen methodischen Schritte eines phänomenologischen Vorgehens sind.

2.2.1 Definition und Begriffsgeschichte

Ursprung des Begriffes Das Wort *Phänomenologie* ist eine Wortzusammensetzung und hat seinen etymologischen Ursprung einerseits im altgriechischen *phainómenon,* was mit *Sichtbares, Erscheinung* übersetzt werden kann, und andererseits im altgriechischen *logos,* das *Rede, Lehre* bedeutet. Ein phänomenologisches Vorgehen ist vermutlich so alt wie die Menschheit selbst. Bereits in der antiken Literatur lassen sich Stellen finden, in denen der Versuch unternommen wird, durch eine möglichst unvoreingenommene und detailgetreue Beschreibung das Wesen einer Sache zu verstehen.

Trotz dieser begriffsgeschichtlichen Nähe zur Antike ist das Wort *Phänomenologie* eine neuzeitliche Schöpfung aus dem 18. Jahrhundert. Zu nennen sind unter anderem Friedrich Christoph Oetinger (1702–1782), Immanuel Kant (1724–1804), Johann Heinrich Lambert (1728–1777) und Georg Wilhelm Friedrich Hegel (1770–1831). Bereits in ihren Ansätzen wird der Grundgedanke einer Phänomenologie ersichtlich: Es geht um die Erkenntnisgewinnung an Erscheinungen.

wissenschaftlicher Sprachgebrauch

Allerdings wurde die Phänomenologie erst durch die philosophischen Arbeiten von Edmund Husserl (1859–1938) zu einer eigenständigen Forschungsmethode (Danner 2006; Zahavi 2007; Fellmann 2009; Depraz 2012). An ihn anschließend kam es in der Folge in verschiedenen Wissenschaftsbereichen zu einer intensiven Auseinandersetzung, an der sich unter anderem Max Scheler (1874–1928), Hans Lipps (1889–1941), Martin Heidegger (1898–1976), Eugen Fink (1905–1975) und Jürgen Habermas (*1929) beteiligten. Einen wichtigen Einfluss hatten diese phänomenologischen Diskurse auch auf den französischen Sprachraum, beispielsweise auf Maurice Merlau-Ponty (1908–1961), Jean-Paul Sartre (1905–1980), Emmanuel Levinas (1906–1995), Michel Foucault (1926–1984) und Jacques Derrida (1930–2004). Diese französischen Denker entwickelten sich in der Folge selbst zu einer einflussreichen Richtung, die wiederum in den deutschen Sprachraum zurückwirkte (Zahavi 2007; Fellmann 2009).

Edmund Husserl

In der Alltagssprache wird der Begriff Phänomenologie kaum verwendet, am ehesten noch im Zusammenhang mit Phänomenen des Alltages. Diese bezeichnen in erster Linie das Phänomenale und damit etwas Herausragendes, Unerklärliches. Der Schein bindet die Aufmerksamkeit, weniger die Sache. Vor diesem Hintergrund wird beispielsweise Apple zu einem Phänomen, das dann durchaus zu beschreiben und zu erklären versucht wird. Dennoch sind die Methoden, die im alltäglichen Leben hierfür angewendet werden, nicht zu vergleichen mit denen in einem wissenschaftlichen Kontext. Im Unterschied dazu konzentriert sich das wissenschaftliche Interesse einer Phänomenologie nicht auf den Schein einer Sache, der durchaus ideologisch oder anderweitig besetzt und verzerrt sein kann, sondern auf die Sache selbst.

Phänomenologie als Terminus technicus

> **Definition:**
> Insofern lässt sich festhalten, dass heute **Phänomenologie** ein wissenschaftlicher Begriff, ein Terminus technicus ist. In einer allgemeinen Bestimmung kann er als *Lehre von den Erscheinungen* umschrieben werden, bei der es darum geht, die Sachen selbst, also das Wesen von

> Erscheinungen, das häufig nicht mit dem Schein übereinstimmt, offenzulegen und zu beschreiben. Einer Phänomenologie geht es also darum, die Sachen so zu beschreiben, wie sie sind, und nicht darum, wie sie aufgrund einer Zuschreibung oder einer Setzung erscheinen.

2.2.2 Theorieansätze

theoretische Welt Vor dem Hintergrund der historischen Entwicklung der Phänomenologie erscheint es gerechtfertigt, zunächst den phänomenologischen Ansatz von Edmund Husserl genauer zu betrachten (Danner 2006; Zahavi 2007; Fellmann 2009; Depraz 2012):

Der Ausspruch „Zurück zu den Sachen!" kann als Maxime einer Phänomenologie im Sinn Edmund Husserls (2008) gesehen werden. Er bringt zum Ausdruck, dass man Welt so sehen soll, wie sie ist, und nicht, wie sie erscheint. Edmund Husserl geht davon aus, dass Welt, wenn sie betrachtet wird, immer mit Zuschreibungen und Setzungen in Verbindung gebracht wird. Welt ist somit immer schon theoretische Welt – also Welt, die durch Zuschreibungen und Setzungen eine menschliche Prägung erfahren hat.

natürliche Welt Diese theoretische Welt kann den Blick auf die natürliche Welt – also Welt, die frei von menschlichen Zuschreibungen und Setzungen ist – verzerren, ja unter Umständen sogar versperren. Ein Beispiel hierzu:

 Das Betreten eines Klassenzimmers wird immer vom Vorverständnis von Schule beeinflusst – und wenn es nur die eigenen Schulerfahrungen sind. Demzufolge gehört zur Ausstattung eines Klassenzimmers eine Tafel, die noch dazu vorne platziert ist, mehrere Tische und Stühle, die die Arbeitsplätze der Schüler bilden, ein Pult, an das die Lehrkraft sich setzen kann, usw. Fehlt einer dieser Aspekte oder kommt es zu größeren Veränderungen, dann wird der Raum auch nicht als Klassenzimmer identifiziert, obwohl er vielleicht in einem anderen Kulturkreis oder einem anderen Schulsystem als solcher Verwendung finden kann.

Es zeigt sich also, dass das Betrachten allein auf gewisse Zuschreibungen und Setzungen zurückgreift. Karl Popper hat diesen Sachverhalt als „Scheinwerfertheorie" bezeichnet (Popper 1984).

erste Epoché Um also die Sachen so zu erkennen, wie sie sind, sind nach Husserl vier methodische Schritte zu durchlaufen: In einem ersten Schritt ist eine Wendung weg von der *theoretischen* Welt hin zur *natürlichen* Welt notwendig. Dies wird durch eine *Epoché* erreicht, also durch eine Reduktion, eine Enthaltung: Es besteht die Aufgabe, alle Vorurteile und

Vorkenntnisse, die zu irgendwelchen Setzungen und Zuweisungen führen können, offenzulegen und bewusst auszuklammern, um unvoreingenommen der Lebenswelt begegnen zu können. Auf dieser Basis erscheint ein Zugang zur *natürlichen* Welt möglich, wenn auch nicht sicher.

Diese so entstehende *natürliche* Einstellung muss in einem zweiten Schritt zu einer *phänomenologischen* Einstellung geführt werden, um sich selbst als Erkennender von Welt nicht im Weg zu stehen. Dieser Vorgang erfolgt über eine weitere *Epoché*, eine weitere Reduktion und Enthaltung, in der der Betrachter den Fokus auf sich selbst richtet: Man schaut sich selbst zu, wie man die Erscheinungen betrachtet und sich zu diesen verhält. Edmund Husserl spricht sinngemäß vom „unbeteiligten Zuschauer" (Husserl 2008). Mit diesen Überlegungen ist eine Konkretisierung des Begriffes Phänomen möglich. Denn als Phänomene werden nicht die bloßen Bewusstseinsinhalte betrachtet, sondern intentionale Gegenstände, also intendierte Denkerlebnisse. Insofern ist es ohne Bedeutung, ob der Gegenstand als solcher real existiert oder nicht. Es geht vielmehr um Erscheinungen jeglicher Art, auf die sich das Bewusstsein hin ausrichtet, beziehungsweise die durch das Bewusstsein in den Blick genommen werden.

zweite Epoché

Mithilfe einer phänomenologischen Einstellung ist es in einem dritten Schritt möglich, eine Wesensschau vorzunehmen, also die Sache so zu beschreiben, wie sie sich zeigt. Da Edmund Husserl anstelle des Wortes Wesen auch das Wort Eidos verwendet, wird dieser Schritt auch als eidetische Reduktion bezeichnet (Husserl 2008). Was ist damit gemeint? Wie kommt es zu dieser Wesensschau basierend auf einer phänomenologischen Einstellung? Martin Heidegger versucht diesen Gedanken mit folgenden Worten auf den Punkt zu bringen: „Das, was sich zeigt, so wie es sich von ihm her zeigt, von ihm selbst her sehen lassen" (Heidegger 1963, 34). Diese Worte wären missverstanden, wenn daraus der Schluss gezogen werden würde, dass sich eine Wesensschau von selbst einstelle, wenn man nur lange genug eine Sache betrachtet. Ganz im Gegenteil: Bei einer Wesensschau geht es darum, ein Phänomen in all seinen möglichen Formen zu variieren, um letztendlich das Unveränderliche, das Konstante, das Allgemeine einer Sache herauskristallisieren zu können. Dieses Unveränderliche, Konstante, Allgemeine ist das Wesen einer Sache. Und damit wird ersichtlich, dass eine eidetische Reduktion tiefgreifende Reflexionen und schöpferische Denkleistungen umfasst.

Wesensschau

Mit dem Vollzug einer Wesensschau ist der letzte, vierte Schritt in der Phänomenologie von Edmund Husserl erreicht: die transzendenta-

transzendentale Reduktion

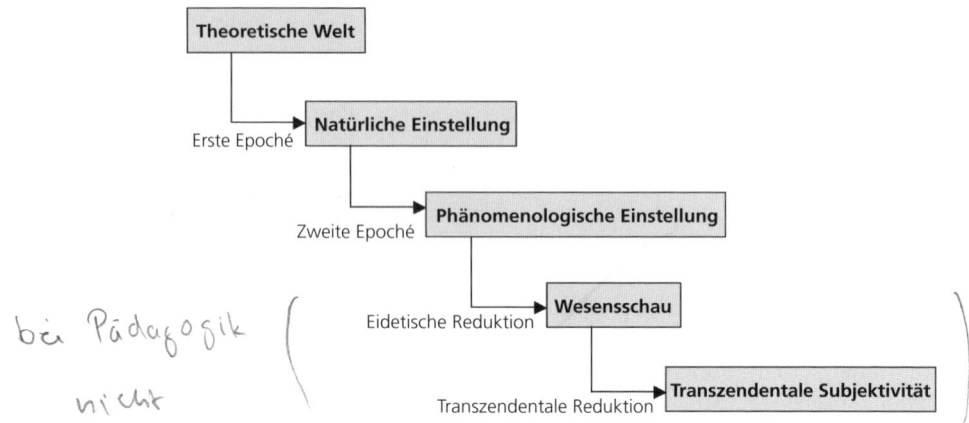

Abb. 6: Methodische Schritte der Phänomenologie Husserls

le Reduktion. Mit dieser ist die Frage formuliert, wie Welt konstituiert ist. Hierzu führt Edmund Husserl den Begriff der „transzendentalen Subjektivität" ein (Husserl 2008), um deutlich zu machen, dass die Erscheinungen der Welt und die Möglichkeiten, wie sie einem Subjekt zugänglich sind, zusammengehören. *Abbildung 6* veranschaulicht die Phänomenologie von Edmund Husserl (Danner 2006).

Die genannten Aspekte markieren jene Bereiche, die für Edmund Husserl zentral für eine Phänomenologie sind. Dieser hat damit jedoch auch den Anspruch verbunden, die Philosophie als solche zu bestimmen und somit auch das Fundament für jede weitere Wissenschaft. Genau dies hat in der Folge sowohl zustimmende als auch ablehnende Meinungen hervorgerufen (Zahavi 2007; Fellmann 2009). Für die nachstehenden Ausführungen, die die Phänomenologie in einem erziehungswissenschaftlichen Kontext betrachten, ist in Anlehnung an Helmut Danner eine Einschränkung vorzunehmen (Danner 2006): Phänomenologie wird nicht als Philosophie oder als Grundwissenschaft aller Wissenschaften verstanden, sondern als Forschungsmethode definiert. Als solche orientiert sie sich an den Grundzügen, wie sie in Anlehnung an Edmund Husserl dargelegt wurden, greift jedoch nur jene Elemente heraus, die für einen phänomenologischen Zugang im Kontext erziehungswissenschaftlicher Fragestellungen notwendig sind, und versteht sich zudem als eine Methode neben anderen. Das nächste Kapitel versucht die zentralen Elemente einer so verstandenen Phänomenologie zu beschreiben und im Kontext einer Erziehungswissenschaft zu verorten.

2.2.3 Methodisches Vorgehen

Wenn man versucht, die unterschiedlichen Ansätze einer phänomenologischen Methode, die sich im Lauf der Zeit und nicht zuletzt aufgrund der Auseinandersetzungen mit Edmund Husserl entwickelt haben, auf einen gemeinsamen Nenner zu bringen, dann könnte dieser darin zu sehen sein, Erscheinungen gleich welcher Art nicht zu vorschnell zu interpretieren. Insofern ist die Maxime von Edmund Husserl „Zurück zu den Sachen!" bis heute Programm einer phänomenologischen Methode geblieben. Wie lässt sich dieser Anspruch umsetzen?

Zunächst ist darauf hinzuweisen, dass insbesondere die Schritte einer phänomenologischen und einer transzendentalen Reduktion von einem erkenntnistheoretischen und metaphysischen Interesse geleitet werden, das für erziehungswissenschaftliche Fragen nicht nötig erscheint. Insofern lässt sich der oben erläuterte Vierschritt von Edmund Husserl zu folgendem Zweischritt in der *Abbildung 7* vereinfachen.

In einem ersten Schritt geht es also darum, sich seiner eigenen theoretischen Einstellung bewusst zu werden und sich dieser zu enthalten – wobei anzumerken ist, dass eine völlige und absolute Vorurteilsfreiheit nicht möglich ist. Es gibt immer Aspekte, die das Beschreiben beeinflussen und in der historischen Situation des Phänomenologen verankert sind. So lässt sich beispielsweise die Auswahl der Sache, die Absicht des Zugangs und die Intention des Beschreibens nicht ausblenden. Insofern kann das Ziel dieses Schrittes nur darin bestehen, eine *möglichst vorurteilsfreie Einstellung* gegenüber der zu beschreibenden Sache einzunehmen. Diese Sache wird dann in einem zweiten Schritt durch *Variation* zu beschreiben versucht: Betrachten und Beschreiben der Sache aus verschiedenen Blickwinkeln, in unterschiedlichen Kontexten, in extremen Ausprägungen usw. Auch dies kann nicht umfassend und vollständig geschehen, sollte aber weitgehend versucht werden. Dieses Vorgehen mündet in

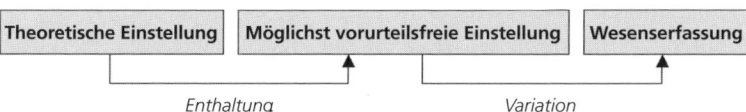

Abb. 7: Methodische Schritte einer erziehungswissenschaftlichen Phänomenologie

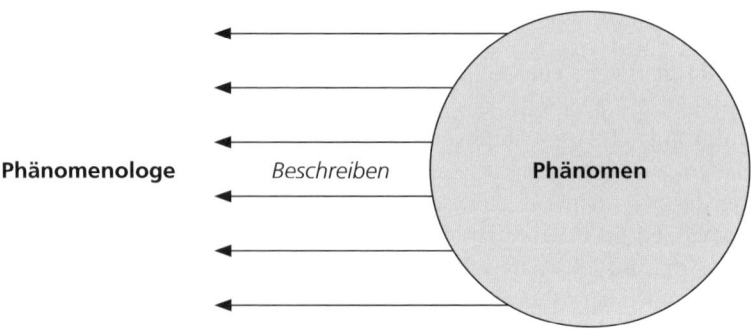

Abb. 8: Beschreiben nach Danner

eine *Wesenserfassung*, in der das Konstante, das Unveränderliche, das Allgemeine einer Sache festgehalten wird. Insofern ist es mehr als nur ein Sammeln von Daten.

Diese Überlegungen machen darauf aufmerksam, dass der Begriff des Beschreibens eine zentrale Rolle im Kontext einer phänomenologischen Methode einnimmt. Was ist darunter zu verstehen? Erneut seien die Worte von Martin Heidegger an dieser Stelle zitiert: „Das, was sich zeigt, so wie es von ihm selbst her zeigt, von ihm selbst her sehen lassen" (Heidegger 1963, 34).

Beschreiben Man könnte auch davon sprechen, dass man die Sache zu Wort kommen lässt, indem man alle Details (auch und vor allem durch Variation der Sache selbst) versucht festzuhalten – möglichst unvoreingenommen, möglichst vorurteilsfrei, möglichst genau, möglichst vollständig. Insofern ist dem Beschreiben ein Sammeln immanent. In Anlehnung an Helmut Danner zeigt *Abbildung 8* den Vorgang des Beschreibens (Danner 2006, 171).

2.2.4 Gütekriterien

Es wurde bereits darauf hingewiesen, dass das Beschreiben nicht allgemeingültig sein kann. Zu sehr hängt es von räumlichen und zeitlichen Faktoren, beides Grundkategorien des Menschen, sowie von individuellen Eigenschaften ab. Dies hat jedoch nicht zur Folge, dass jeglichem Beschreiben letztendlich Beliebigkeit anhaftet und es subjektiv ist. Spätestens mit seiner Artikulation erfährt das Beschreiben selbst eine Objektivierung und wird somit einer intersubjektiven Überprüfbarkeit zugänglich.

Diese Intersubjektivität des Beschreibens wiederum muss sich jedes Mal aufs Neue an der Sache bewähren, aus der heraus es entstanden ist. Insofern ist der Anspruch, der an eine Phänomenologie als wissenschaftliche Methode zu richten ist, nicht mit den empirischen Kategorien der Validität, der Reliabilität und der Objektivität zu bezeichnen, sondern mit dem Postulat nach Intersubjektivität.

Intersubjektivität

2.2.5 Grenzen und Kritik

Durch die Maxime der Phänomenologie „Zurück zu den Sachen!" werden sowohl Grenzen als auch Probleme ersichtlich: Einerseits lässt sich mit einer phänomenologischen Zugangsweise nicht das ganze Spektrum erziehungswissenschaftlicher Fragestellungen erschließen. Phänomenologie muss folglich durch andere Methoden ergänzt werden. Andererseits ist der damit verbundene Anspruch, vorurteilsfrei und unvoreingenommen der Wirklichkeit zu begegnen, nur mit Einschränkung zu erreichen. Insofern bleibt stets eine Unsicherheit zurück, ob die eigene Position auch tatsächlich mit der Wirklichkeit zusammenfällt oder doch nur eine subjektiv gefärbte Wahrnehmung von Welt ist. Auch vor diesem Hintergrund erscheint das Hinzuziehen weiterer methodischer Überlegungen notwendig.

2.2.6 Checkliste

Die nachfolgenden Regeln verstehen sich als Hilfestellung für den Vorgang des Beschreibens und der Wesenserfassung, um das eigene phänomenologische Vorgehen reflektieren zu können (Danner 2006):

> ❑ **Verlassen der theoretischen Einstellung:** Um das Wesen einer Sache, so wie es sich von der Sache selbst her zeigt, erfassen zu können, ist eine kritische Distanz zum eigenen Vorverständnis einzunehmen. Es sind daher alle möglichen Vorurteile und Vorkenntnisse darzulegen, um eine möglichst natürliche Einstellung zu erhalten. Wenn man sich beispielsweise mit den Ergebnissen von PISA auseinandersetzt, ist es wichtig, alle Vorurteile und Vorkenntnisse, die man aufgrund medialer Einflüsse oder diverser Lektüren besitzt, transparent zu machen und für den weiteren Prozess des Beschreibens weitestgehend auszuklammern. Die Schlagzeile „PISA zeigt, dass eine längere gemeinsame Schulzeit zu besseren Schulleistungen führt", die vermutlich jeder Interessierte so oder in einer anderen Form gehört hat, zählt zu diesen Vorurteilen und Vorkenntnissen. Da es jedoch nicht möglich ist, alle seine Vorurteile

auszuklammern, erscheint es wichtig, dass zumindest diejenigen, um deren Existenz man weiß, reflektiert werden. Hierzu gehört zweifelsfrei die Perspektive der Betrachtung.

Perspektive und Klarheit

❏ **Offenlegung der Fragestellung:** Menschliches Denken vollzieht sich immer aus einer bestimmten Perspektive heraus. Karl Popper hat diesen Sachverhalt als „Scheinwerfertheorie" bezeichnet (Popper 1984). Dies gilt auch für phänomenologisches Forschen. Insofern erscheint es wichtig, sich zu Beginn über seine eigene Fragestellung und seine eigene Perspektive Klarheit zu verschaffen, die in gewisser Weise als Lesebrille fungiert. So kann man, um das eben gegebene Beispiel wieder aufzugreifen, die PISA-Ergebnisse vor dem Hintergrund schulorganisatorischer Überlegungen betrachten. Es liegt auf der Hand, dass die eigene Fragestellung und eigene Perspektive Vorurteile provozieren können und insofern offengelegt werden müssen.

Vollständigkeit und Genauigkeit

❏ **Variantenreiches Beschreiben:** Hat man eine möglichst vorurteilsfreie, also möglichst natürliche Einstellung eingenommen, geht es in einem nächsten Schritt darum, die Sache so zu beschreiben, wie sie sich zeigt. Dabei ist Vollständigkeit und Genauigkeit anzustreben, wozu eine Variation der Sache dienlich sein kann. Im Fall von PISA bedeutet dies, die einzelnen Daten möglichst vielfältig mit anderen Daten in Beziehung zu setzen, um schlussendlich das Konstante, das Unveränderliche, das Allgemeine zu erhalten. So können, sofern man aus einer schulorganisatorischen Perspektive argumentiert, die Ergebnisse zu den mathematischen Kompetenzen mit den Ergebnissen zu den naturwissenschaftlichen und sprachlichen Kompetenzen variiert werden. Sie können des Weiteren mit den Ergebnissen anderer Länder in diesem Bereich verglichen und beschrieben werden. Dabei erscheint es auch sinnvoll, länderspezifische Kontexte, wie Geschichte, Kultur und Gesellschaftsstrukturen, in den Blick zu nehmen. Dieses variantenreiche Beschreiben impliziert demzufolge ein Sammeln möglichst detaillierter und vollständiger Informationen zur Sache selbst und mündet in die Wesenserfassung.

Unveränderliches und Allgemeines

❏ **Wesenserfassung:** Durch das variantenreiche Beschreiben kann es gelingen, das Unveränderliche, das Konstante, das Allgemeine einer Sache zu benennen. Im genannten Beispiel wird womöglich deutlich, dass der Schluss „PISA zeigt, dass eine längere gemeinsame Schulzeit zu besseren Schulleistungen führt" voreilig ist oder auf vorurteilsbeladenen Annahmen basiert, die eine voreilige Interpretation des vorhandenen Datenmaterials nahelegt. Und womöglich zeigt sich, dass entsprechende schulorganisatorische Fragestellungen nicht mit den Daten von PISA beantwortet werden können, weil hierfür weitaus mehr Faktoren zu berücksichtigen wären.

Es ist darauf hinzuweisen, dass sich bei all den skizzierten Regeln immer ein Hin und Her zwischen Vorverständnis und neuem Verständnis einspielen wird. Verstandene Sinn- und Wirkungszusammenhänge auf allen Ebenen werden dadurch immer von Neuem durch eine Sachlogik auf die Probe gestellt und verfeinert, korrigiert oder gar verworfen. Dies ist kein Makel und darf nicht unterdrückt werden, wenn Verstehen möglich werden soll.

Vorverständnis und neues Verständnis

2.2.7 Beispiel

Eine Frage, die die öffentliche und die erziehungswissenschaftliche Diskussion bestimmt, ist die nach den Möglichkeiten und Grenzen einer inklusiven Schule. Für einen Phänomenologen kann hieraus eine interessante Forschungsfrage entstehen, wenn er sich mit Schulbauten auseinandersetzt. Denn dann ist er gefordert, sich seiner theoretischen Einstellung zu enthalten und möglichst vorurteilsfrei den schulischen Räumen entgegenzutreten. Der Versuch der Wesenserfassung einer inklusiven Schule erfolgt über eine variantenreiche Beschreibung, in der beispielsweise aus der Sicht eines körperlich beeinträchtigten Kindes, egal ob blind, gehörlos oder im Rollstuhl sitzend, die Wahrnehmung der Schulbauten dargelegt wird. Schlussendlich lassen sich hieraus wichtige Konsequenzen für eine inklusive Schule ableiten. Hans Bleeker und Karel Mulderij (1984) unternehmen in ihrem Beitrag den Versuch, aus der Sicht eines körperbehinderten Kindes, das im Rollstuhl sitzt, die Wahrnehmung der Wohnumgebung nachzuempfinden.

2.2.8 Übungsaufgabe

Versuchen Sie den in der Beispielaufgabe beschriebenen Prozess zu durchlaufen und einen Schulraum (Pausenhof, Treppenhaus, Klassenzimmer usw.) aus der Sicht eines körperbehinderten Kindes zu beschreiben. Legen Sie dazu Ihre theoretische Einstellung, die variantenreiche Beschreibung des Schulraumes und die daraus zu ziehenden Schlussfolgerungen dar.

2.2.9 Literaturempfehlung

Eine gelungene erziehungswissenschaftliche Einführung in die Phänomenologie liefert:

Danner, H. (2006): Methoden geisteswissenschaftlicher Pädagogik. Ernst Reinhardt, München/Basel

2.3 Dialektik

Die Dialektik ist eine zentrale erziehungswissenschaftliche Forschungsmethode, bei der es vor allem um das Feststellen und – nach Möglichkeit – Auflösen von Widersprüchen beziehungsweise Gegensätzen geht. In diesem Kapitel werden die grundlegenden Annahmen der Dialektik erläutert. Darauf aufbauend werden wichtige dialektische Theorieansätze beschrieben *(Kap. 2.3.2)* und in ihrer historischen Entwicklung nachgezeichnet. Es folgt die Darstellung zentraler Elemente eines dialektischen Vorgehens in erziehungswissenschaftlichen Kontexten *(Kap. 2.3.3)*. Eine Checkliste *(Kap. 2.3.6)* fasst das Wesentliche zusammen. Anhand eines Beispieltextes *(Kap. 2.3.7)* können dialektische Methoden nachvollzogen werden. Übungsaufgaben *(Kap. 2.3.8)* und Literaturempfehlungen *(Kap. 2.3.9)* schließen dieses Kapitel ab.

Wenn Sie dieses Kapitel durchgearbeitet haben, sollten Sie wissen,

1. *was unter Dialektik zu verstehen ist,*
2. *welche theoretischen Ansätze zu unterscheiden sind und*
3. *welches die zentralen methodischen Schritte eines dialektischen Vorgehens sind.*

2.3.1 Definition und Begriffsgeschichte

Ursprung des Begriffes Das Wort *Dialektik* hat seinen etymologischen Ursprung im altgriechischen *dialegesthai*, was mit *ein Gespräch führen* übersetzt werden kann. In diesem Sinn wird es beispielsweise bei Herodot (490–424 v. Chr.), Georgias (485–410 v. Chr.) und Thukydides (454–396 v. Chr.) gebraucht.

wissenschaftlicher Sprachgebrauch Auch wenn der etymologische Ursprung des Wortes *Dialektik* eindeutig geklärt ist, seine Verwendung ist seit der Antike uneinheitlich: Bei Platon (428–348 v. Chr.) taucht es in verschiedenen Dialogen auf, unter anderem in „Menon", „Politeia", „Phaidon", „Phaidros" und „Sophistes". Er spricht häufig von *dialektiké*, was allgemein mit *Kunst der Unterredung* übersetzt werden kann (Danner 2006; Röttgers/Kohleberger 1972). Etwas anders stellt sich der Gebrauch bei Aristoteles (384–322 v. Chr.) dar: Dieser konzentriert seine Überlegungen zur Dialektik auf ein Argumentationsverfahren, das für die Meinungsbildung hilfreich ist. In diesem Sinn wird Dialektik ein zentrales Merkmal der Stoa, eines der wirkmächtigsten Lehrgebäude der antiken Philosophie.

Im Mittelalter knüpften verschiedene Wissenschaftler an die antiken Positionen an, bevor mit der Neuzeit eine intensive Auseinandersetzung über den Stellenwert und die Bedeutung der Dialektik einsetzte.

Zu nennen ist in diesem Zusammenhang insbesondere Immanuel Kant (1724–1804), der sich in der „Kritik der reinen Vernunft" zu einem dialektischen Vorgehen äußerte und es als „Blendwerk" und „scheinbare Kunst des Denkens" bezeichnet (Kant 1986).

Immanuel Kant

Ganz anders zeigt sich die Auffassung von Georg Wilhelm Friedrich Hegel (1770–1831), der bis heute als der Begründer einer modernen Dialektik gesehen werden kann. Nicht nur, dass Hegel als Erster im Anschluss an Johann Gottlieb Fichte (1762–1814) die Grundstruktur einer Dialektik ausformulierte und den Zusammenhang von These, Antithese und Synthese verdeutlichte, er war es auch, der dem Negativen, das jedem dialektischen Vorgehen immanent ist, etwas Positives zuschreiben konnte (Hegel 1986).

Georg Wilhelm Friedrich Hegel

Fortan war der dialektische Ansatz von Hegel Anstoß für weitere Überlegungen, wie sie unter anderem von Friedrich Daniel Ernst Schleiermacher (1768–1834), Sören Kierkegaard (1813–1855), Karl Marx (1818–1883), Max Weber (1864–1920), Karl Popper (1902–1994) und auch der Frankfurter Schule um Max Horkheimer (1895–1973), Theodor W. Adorno (1903–1969) und Jürgen Habermas (*1929) entwickelt wurden.

Dialektik als Terminus technicus

> **Definition:**
> Überdauernd zeigt sich eine Verbindung zur Gesprächsführung, und all den genannten Positionen ist gemein, dass es bei einem **dialektischen Vorgehen** um die Offenlegung von Widersprüchen und Gegensätzen sowie entsprechender Möglichkeit zu deren Auflösung geht (Danner 2006).

2.3.2 Theorieansätze

In Anlehnung an Helmut Danner (2006) lassen sich fünf Ansätze einer Dialektik unterscheiden:

1. Dialektik als Streitgespräch (z. B. Platon): In der konkreten verbalen Auseinandersetzung mit einem Gegenüber kommt es zum Austausch von Pro- und Contra-Argumenten. Dialektik als Streitgespräch wird also praktisch umgesetzt und es kommt zu einer Annäherung beider Parteien.

Streitgespräch

Kunstgriff 2. Dialektik als Kunstgriff (z. B. Schleiermacher): Ausgangspunkt für ein dialektisches Vorgehen müssen nicht immer reale Situationen, beispielsweise in Form eines Streitgespräches, sein. Es können genauso gut fingierte Situationen sein. Die entsprechenden Denkprozesse, das Für und Wider sowie ihre Annäherung spielen sich dann im Kopf ab und können schriftlich oder mündlich bewusst und absichtlich eingesetzt werden. Dialektik als Kunstgriff wird beispielsweise von einer Person verwendet, um dem eigenen Vortrag eine spannungsreiche Wendung zu verleihen.

Denk-Dialektik 3. Dialektik als Denk-Dialektik (z. B. Kant): Ausgangspunkt für dieses dialektische Vorgehen ist die Diskrepanz zwischen Wirklichkeit und Denkstrukturen. Ein Schüler, um ein Beispiel anzuführen, ist kein Unterrichtsstörer, sondern wird in einer Situation als solcher wahrgenommen und in einer anderen nicht. Es kommt somit im Denken zu Widersprüchen.

System-Denken 4. Dialektik als System-Denken (z. B. Hegel): Hier sind Wirklichkeit und Denkstrukturen miteinander verwoben: Die Wirklichkeit beeinflusst das Denken und das Denken stellt die Wirklichkeit dar. Ausgangspunkt ist also dieses Geflecht, das selbst Widersprüche und Gegensätze mit sich bringt. Zu denken ist an dieser Stelle an geschichtliche Entwicklungen, die sich rückblickend in einer Hegelschen Welle zwischen zwei Extremen bewegen und sich annähern, beispielsweise die klassenlose Gesellschaft.

existenzielle Erfahrung 5. Dialektik als existenzielle Erfahrung (z. B. Kierkegaard): Dieser Ansatz wird im Vergleich zu den anderen auch vor-kritisch oder un-philosophisch bezeichnet, nimmt er den Widerspruch von Fall zu Fall an und ist in diesem Sinn unsystematisch, sporadisch. Ausgangspunkt ist somit die menschliche Existenz, die voller Widersprüche ist.

dialektisches Grundschema: These – Antithese – Synthese In allen Ansätzen wird auf Probleme in Form von Widersprüchen und Gegensätzen hingewiesen und der Versuch ihrer Lösung intendiert. Damit ist ein zentrales Element der Theorieansätze zur Dialektik angesprochen, das auch als dialektische Trias bezeichnet wird und auf Johann Gottlieb Fichte zurückgeht. Diese besteht aus These, Antithese und Synthese. Sie findet sich in jedem dialektischen Ansatz und kann daher als dialektisches Grundschema bezeichnet werden (Danner 2006).

Mit diesen Überlegungen ist die Brücke geschlagen, um eine Dialektik als erziehungswissenschaftliche Forschungsmethode zu charakterisieren. Dabei ist zunächst danach zu fragen, in welchen Feldern von Erziehung und Bildung es notwendig ist, dialektisch vorzugehen. Traditionell werden in diesem Zusammenhang Antinomien angeführt, die pädagogisches Denken und Handelns bestimmen. Sie bezeichnen Widersprüche beziehungsweise Gegensätze, die untrennbar mit Bildung und Erziehung verbunden sind. Zu den bekanntesten Antinomien zählen (Danner 2006; Helsper 2002): die Gegensätze Individuum – Gemeinschaft, Nähe – Distanz und Selbstverwirklichung – Anpassung sowie die Widersprüche Neigung – Pflicht und Freiheit – Zwang. Das Spezifische einer Dialektik als erziehungswissenschaftliche Forschungsmethode ist demzufolge, dass sie Widersprüche und Gegensätze, die Erziehung und Bildung charakterisieren und begleiten, zu erkennen und aufzulösen versucht.

2.3.3 Methodisches Vorgehen

Basierend auf den eben angestellten Überlegungen lassen sich verschiedene methodische Schritte für ein dialektisches Vorgehen ableiten:

In einem **ersten Schritt** geht es um die Formulierung einer These. Eine These ist das Aufstellen einer Behauptung zu einem Sachverhalt. Dies ist inhaltlich an keine Vorgaben gebunden und somit völlig frei. Insofern kann sich eine These auf sowohl reale als auch fiktive Begebenheiten beziehen. *These*

In einem **zweiten Schritt** geht es um die Formulierung einer Antithese, die mittels Negation der These erfolgt. Dies führt zu einem Widerspruch beziehungsweise Gegensatz. Eine Antithese ist die Verneinung einer These. Sie führt somit zu unterschiedlichen Positionen, die entweder kontradiktorisch oder konträr sein können. *Antithese*

Kontradiktorisch sind die Positionen, wenn sie einen Widerspruch erzeugen. Dies ist dann der Fall, wenn sich die gegenüberstehenden Positionen logisch ausschließen. Ein Beispiel hierfür sind die Begriffe „Freiheit" und „Unfreiheit".

Konträr sind die Positionen, wenn sie einen Gegensatz erzeugen. Dies ist dann der Fall, wenn die gegenüberstehenden Positionen in ihrem Verhältnis zueinander falsch beziehungsweise wahr sind, aber dennoch etwas Gemeinsames vorweisen können. Die Begriffe „Freiheit" und „Bindung" sind Beispiele in diesem Kontext. Anders als die These ist die Antithese inhaltlich gebunden: Es ist nur sinnvoll, eine

Antithese zu formulieren, die in direktem Zusammenhang zur These steht. Es ist an der Stelle darauf hinzuweisen, dass eine Auseinandersetzung mit der Forschungsliteratur häufig bereits eine These und Antithese liefert und somit der Widerspruch beziehungsweise der Gegensatz schon formuliert ist. Für den Fall, dass die Antithese die These bereits ad absurdum geführt hat, ist die Dialektik bereits am Ziel angelangt: Der Widerspruch beziehungsweise der Gegensatz ist beseitigt. Die Antithese wird dann zur neuen These. In allen anderen Fällen folgt:

Synthese   In einem **dritten Schritt** geht es um die Auflösung des erzeugten Widerspruches beziehungsweise Gegensatzes durch die Formulierung einer Synthese. Eine Synthese ist die Aufhebung des Widerspruches beziehungsweise Gegensatzes bestehend aus These und Antithese, indem beide auf eine höhere Ebene geführt werden. Eine Synthese zeigt sich vor diesem Hintergrund als eine doppelte Negation, da sie die Antithese als Negation negiert und somit die Auflösung eines Widerspruches beziehungsweise eines Gegensatzes erzwingt. Hegel nennt diesen Sachverhalt auch Affirmation (Hegel 1986).

neue These   In einem **vierten Schritt** geht es um die Formulierung einer neuen These durch Umformulierung der Synthese und somit um die Fortsetzung des dialektischen Prozesses. Entscheidend für ein dialektisches Vorgehen ist, dass es mit der Formulierung einer Synthese nicht abgeschlossen ist. *Abbildung 9* veranschaulicht das Beschriebene.

Definition:
These, Antithese und Synthese sind als Bewegungsstufen zu interpretieren, die die Dynamik eines dialektischen Vorgehens verdeutlichen.

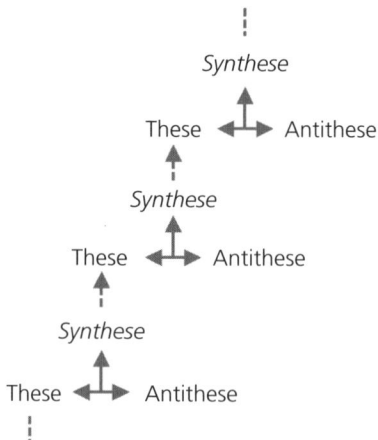

Abb. 9: These – Antithese – Synthese

2.3.4 Gütekriterien

Ein dialektisches Vorgehen als Feststellen und (nach Möglichkeit) Auflösen von Widersprüchen und Gegensätzen beruht weitestgehend auf einer Argumentation und muss sich an den Grundsätzen der Logik messen lassen. Hierfür hilfreich ist das Argumentationsschema nach Stephen Toulmin (1996), wie es *Abbildung 10* zeigt.

Argumentationsschema nach Toulmin

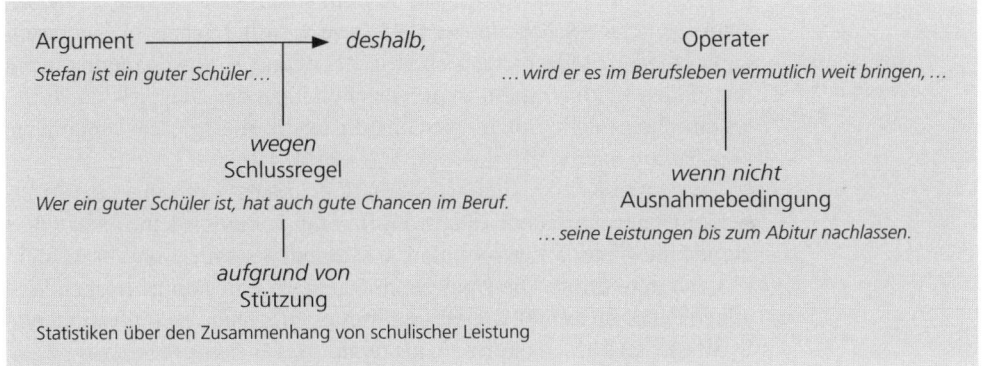

Abb. 10: Argumentationsschema nach Toulmin

Mit diesem Argumentationsschema versucht Toulmin alle möglichen Bestandteile eines Arguments anzusprechen und für Vollständigkeit in der Argumentation zu plädieren. Neben der Vollständigkeit ist unter anderem auf Widerspruchsfreiheit, auf die Gesetze des logischen Schließens und auf die Vermeidung von Fehlschlüssen (z. B. Verwechslung von Grund und Korrelat) zu achten (Beckermann 2010).

2.3.5 Grenzen und Kritik

Mit diesen Überlegungen ist der Weg für eine kritische Auseinandersetzung mit der Dialektik bereitet. An verschiedenen Stellen ist sie bereits angeklungen. Im Wesentlichen werden zwei Kritikpunkte ins Feld geführt (Danner 2006):

Erstens sieht sich die Dialektik dem Vorwurf ausgesetzt, eine „Logik des Scheins" zu sein, weil sie keine inhaltlichen Vorgaben und Regularien besitzt. So besteht beispielsweise die Gefahr, dass auf dialektischem Weg menschenverachtende Schlüsse gezogen werden können. Der Nationalsozialismus mit seinen inhumanen und rassistischen

„Logik des Scheins"

Unabschließbarkeit des Prozesses

Positionen lässt sich als ein konkretes Beispiel anführen: Gräueltaten waren kein Unrecht, sondern begründbare Notwendigkeiten in einem nationalsozialistischen Weltverständnis.

Zweitens kann an Dialektik kritisiert werden, dass sie aufgrund der Unabschließbarkeit des Prozesses, weil jede Synthese wieder zur These wird, nie beendet sei und somit auch keine verwertbaren Ergebnisse liefern könne. In diesem Sinn käme Widersprüchen und Gegensätzen eine größere Rolle zu als sicheren Erkenntnissen. Dialektik wird so zu einer „Vernünftelei" (Kant 1986), wie es Immanuel Kant andeutet, oder zu einer „Hegelei" (Schopenhauer 1813), wie es Arthur Schopenhauer nennt.

Auseinandersetzung mit der Kritik

An dieser Stelle bietet sich eine dialektische Auseinandersetzung mit beiden Kritikpunkten an, um das Potenzial der Dialektik zu veranschaulichen – nicht mit der Absicht, die Kritik zu negieren, sondern sie konstruktiv aufzugreifen.

Zur ersten Kritik: Auch wenn ein dialektisches Vorgehen der Möglichkeit nach an jedem Inhalt durchgeführt werden kann, birgt dies gerade die Chance, das spekulative Moment besonders hervorzurufen. Zur zweiten Kritik: Die Unabgeschlossenheit eines dialektischen Vorgehens und die immer wieder und immer aufs Neue zu hinterfragende Synthese als These lassen sich als dynamischer Prozess interpretieren. In diesem Sinn werden Widersprüche und Gegensätze nicht als etwas zu Vermeidendes gesehen, sondern als produktive und treibende Kraft.

Schlussendlich erfordern Grenzen und Kritik an der Dialektik, dass sie durch weitere Verfahren und Methoden ergänzt wird.

2.3.6 Checkliste

Hilfen für den Interpreten

Wenn es im Folgenden darum geht, eine Checkliste für dialektisches Arbeiten in der Erziehungswissenschaft zu formulieren, dann mit der Absicht einer Orientierungshilfe. Die nachfolgenden Regeln verstehen sich als Hilfestellung für das Feststellen und Auflösen von Widersprüchen beziehungsweise Gegensätzen.

❏ **Formulierung der These:** Ausgehend von einer Forschungsfrage geht es zunächst darum, eine begründete Position zu beziehen.
Bei der Interpretation der Hattie-Studie (2013) beispielsweise könnte man die Behauptung aufstellen, dass die Verringerung der Klassengröße wenig nützt, weil Lernende in ihren Kernkompetenzen keine Fortschritte zeigen.

- **Feststellen eines Widerspruches beziehungsweise eines Gegensatzes durch Formulierung der Antithese mittels Negation:** Zur Erzeugung eines Widerspruches oder Gegensatzes ist es notwendig, die These zurückzuweisen und eine entsprechende Antithese zu vertreten.

  So könnte man, um das eben gegebene Beispiel aufzugreifen, die Hattie-Studie auch dazu nutzen, um die Behauptung aufzustellen, dass die Verringerung der Klassengröße mit Blick auf die Lehrerbelastung hilfreich ist.

- **Auflösung des Widerspruches beziehungsweise des Gegensatzes durch Formulierung der Synthese:** These und Antithese stehen in einem konträren oder kontradiktorischen Verhältnis zueinander. Sinn und Zweck einer Synthese ist es, diese Differenzen aufzulösen.

  Mit Blick auf die angesprochene Problematik könnte die Synthese formuliert werden, dass die Verringerung der Klassengröße differenziert zu betrachten ist, weil sie für Lehrpersonen einen unmittelbaren Vorteil verspricht, wohingegen sie für Lernende zunächst folgenlos erscheint.

- **Formulierung einer neuen These durch Umformulierung der Synthese:** Die auf dialektischem Weg gewonnene Synthese wird umgehend zur neuen These. Sie muss sich erneut bewähren.

  Aus der eben formulierten Synthese zur Verringerung der Klassengröße könnte die These formuliert werden, dass eine Reduzierung der Belastung aufseiten der Lehrperson zu zusätzlichen Ressourcen führt, die im weiteren Prozess, beispielsweise in Form eines verstärkten Feedbacks, den Lernenden wieder zugutekommen können und somit auch für diese ein mittelbarer Vorteil entsteht.

Es liegt auf der Hand, dass ein dialektisches Vorgehen einen spiralförmigen Prozess durchläuft: Die These wird durch eine Antithese negiert und der Widerspruch bzw. Gegensatz in der Synthese aufgehoben. Die Synthese wiederum wird erneut zur These und der Prozess (These – Antithese – Synthese) beginnt von vorne.

2.3.7 Beispiel

Im Folgenden werden Überlegungen von August Hermann Niemeyer (1754–1828) aufgeführt, die einer dialektischen Logik und Argumentation folgen. Niemeyer gilt als einer der Gründerväter der Pädagogik, da er in der Zeit, in der sich die Pädagogik als wissenschaftliche Disziplin an Universitäten etablierte, eine zentrale Rolle spielte. Vor allem auf den Einfluss seines Lehrbuches „Grundsätze der Erziehung und des Unterrichts", das zuerst 1792 erschien, ist dies zurückzuführen. Es gilt damals wie heute als die Summe des Kenntnisstandes zur Pädagogik im 18. und 19. Jahrhundert. Im nachstehenden Text geht Niemeyer der Frage nach, ob der Mensch von Natur aus gut oder böse sei. Die Relevanz dieser Frage für die Pädagogik bringt er folgendermaßen auf den Punkt (Niemeyer 1792/1832, 56):

„Die Erziehung muss die Aufgabe, durch ihre Einwirkung einen moralisch guten Charakter zu begründen, leichter oder schwerer finden, je nachdem sie in der Kindernatur ursprünglich weit mehr Gutes, oder weit mehr Böses, oder wenigstens Beides, ungefähr in gleichem Grade gemischt, wahrnimmt."

Zur Beantwortung dieser Frage analysiert August Hermann Niemeyer (1792/1832, 56) zunächst die vorfindbaren wissenschaftlichen Aussagen:

„Nach dem Urteile vieler neueren Pädagogen und Moralisten [er nennt Rousseau, Basedow, Campe, Salzmann und andere; Anm. d. Verf.] ist das Erste der Fall. Ihnen ist die Kinderwelt ein Stand der Unschuld, in welchem von bösartigen Neigungen und Begierden noch keine Spur zu finden sein soll [...] Mit dieser Ansicht stehen die Urteile Anderer [namentlich wird Fichte erwähnt; Anm. d. Verf.] im geradesten Widerspruch, die entweder eine gänzliche Unfähigkeit zu allem wahren Guten, ohne die Hilfe eines höheren Beistandes, behaupten, und in diesem Sinne alles Denken und Begehren des Menschen für böse von Jugend auf erklären."

Daran anschließend weist Niemeyer (1792/1832, 57) auf dialektischem Weg beide Positionen zurück, da sie zwar nachvollziehbar, aber empirisch nicht abgesichert seien, und folgert:

„Die Erziehung wird ihres Zweckes nicht verfehlen, wenn sie nur die unleugbaren Erscheinungen in der Kinder- und Jugendwelt nicht übersieht; gesetzt, es bliebe auch vieles über die letzten Gründe dieser Erscheinungen dunkel und zweifelhaft. Die wichtigsten und unwidersprüchlichsten derselben sind folgende: 1) In allen Kindern wird man Anlagen zu guten Neigungen, Gesinnungen und Handlungen gewahr [–] Daneben sind 2) alle Kinder nicht nur verführbar, sondern sie haben auch, mehr oder minder, einen Hang zu so Manchem, was in reiferen Jahren Unrecht oder Böse genannt wird, wenn man gleich es ihnen noch nicht als Schuld anzurechnen geneigt ist."

Schließlich resümiert auch er (Niemeyer 1792/1832, 57):

„So kann man auf keinen Fall von Kindern sagen, dass sie positiv gut oder positiv böse sind; wohl aber, dass die Keime zum Guten und zum Bösen, wenn gleich in verschiedenen Mischungen und Verhältnissen, in ihnen liegen."

An der Argumentation Niemeyers zeigt sich ein dialektisches Vorgehen, das an einer wichtigen Fragestellung konträre Positionen miteinander zu verbinden versucht.

2.3.8 Übungsaufgabe

Nehmen Sie eine der im Text genannten pädagogischen Antinomien und spielen Sie daran ein dialektisches Vorgehen durch. Formulieren Sie eine These, Antithese und Synthese, die in eine neue These mündet.

2.3.9 Literaturempfehlung

Eine gelungene erziehungswissenschaftliche Einführung in die Dialektik liefert:

Danner, H. (2006): Methoden geisteswissenschaftlicher Pädagogik. Ernst Reinhardt, München/Basel

3 Empirische Forschungsmethoden

In der Erziehungswissenschaft existiert inzwischen eine Vielzahl an empirischen Erhebungs- und Auswertungsmethoden, die maßgeblich aus der Disziplin selbst heraus entwickelt, aus Nachbardisziplinen (z. B. der Psychologie oder Soziologie) übernommen oder weiterentwickelt worden sind. Es würde das Anliegen dieser einführenden Publikation überschreiten, alle Erhebungs- und Auswertungsmethoden der erziehungswissenschaftlichen Forschung darzustellen oder diese im Detail zu erläutern. Stattdessen wird in der vorliegenden Publikation überblicksartig auf ausgewählte Forschungsmethoden eingegangen, die in der erziehungswissenschaftlichen Forschung eine hohe Bedeutung haben, und ein grundlegendes Wissen für die forschungspraktische Umsetzung vermittelt. Die nachfolgende Darstellung konzentriert sich bei den empirischen Forschungsmethoden auf:

- Forschungsprozess *(Kap. 3.1)*
- Befragung *(Kap. 3.2)*
- Beobachtung *(Kap. 3.3)*
- Test *(Kap. 3.4)*
- Inhaltsanalyse *(Kap. 3.5)*

Die einzelnen Kapitel zu den empirischen Forschungsmethoden enthalten – neben der Zusammenfassung und den Lernzielen – folgende Ausführungen:

- Definition
- Theorieansätze
- Formen
- Methodisches Vorgehen
- Gütekriterien
- Grenzen und Kritik
- Checkliste
- Beispiel
- Übungsaufgabe
- Literaturempfehlungen

3.1 Forschungsprozess

Wissenschaftliche Untersuchungen haben – bei allen Differenzen – Ähnlichkeiten in den Abläufen. Im folgenden Kapitel soll erläutert werden, an welchen Phasen und Arbeitsschritten sich ein Forscher bei einer wissenschaftlichen Untersuchung orientieren kann. Hierzu wird zunächst der Begriff Forschungsprozess definiert *(Kap. 3.1.1)* und eine Checkliste angeführt *(Kap. 3.1.2)*. Mit einem Beispiel *(Kap. 3.1.3)* wird auf die Phasen und Arbeitsschritte eines Forschungsprozesses eingegangen. Das Kapitel schließen eine Übungsaufgabe *(Kap. 3.1.4)* und Literaturempfehlungen ab *(Kap. 3.1.5)*.

> **Wenn Sie dieses Kapitel durchgearbeitet haben, sollten Sie wissen,**
>
> 1. was man unter einem Forschungsprozess versteht und über welche Merkmale ein typischer quantitativer und qualitativer Forschungsprozess verfügt und
> 2. an welchen Phasen und Arbeitsschritten man sich bei einem quantitativen und qualitativen Forschungsprozess orientieren kann.

3.1.1 Definition

Stellen Sie sich vor, Sie wollen herausfinden, welche schulischen Probleme Kinder und Jugendliche in ihrer Stadt haben. Im ungünstigsten Fall haben Sie zudem selbst noch keine eigenen Forschungserfahrungen. Dann wäre es hilfreich, einen idealtypischen Forschungsablauf zu kennen, um wichtige Phasen, Arbeitsschritte und Entscheidungen während einer solchen Untersuchung berücksichtigen zu können.

> **Definition:**
> Der **Forschungsprozess** ist ein idealtypischer Ablaufplan einer wissenschaftlichen Untersuchung und umfasst unterschiedliche Phasen, in denen der Forscher spezifische Entscheidungen zu treffen und Arbeitsschritte durchzuführen hat. Die einzelnen Phasen bieten während einer Untersuchung eine gewisse Orientierung für notwendige Auswahlentscheidungen und Arbeitsschritte und sind zudem wichtige Anhaltspunkte für die Dokumentation und Berichterstattung der Untersuchung.

Auf diese Weise kann geklärt werden (Kromrey 2009, 74ff.):

vom Entdeckungszusammenhang zum Verwertungszusammenhang

1. was und warum Sie genau dies erforschen (Entdeckungszusammenhang)

2. wie und bei wem Sie das erforschen (Begründungszusammenhang) und
3. wie und für wen Sie die Ergebnisse veröffentlichen wollen (Verwertungszusammenhang)

idealtypischer Forschungsprozess als Orientierung

Beachtet werden muss allerdings, dass es den einen Forschungsprozess nicht geben und sich die Ausgestaltung der einzelnen Phasen in der Praxis gravierend voneinander unterscheiden kann. Durch die unterschiedlichen Fragestellungen, die theoretischen Konzepte, die Erhebungs- und Auswertungsmethoden sowie nicht zuletzt die verschiedenen Befragten und Forschungssettings kann ein typischer Forschungsprozess „nur" gewisse Orientierungs- und Anhaltspunkte bieten. Hinzu kommt, dass der Forschungsprozess in der quantitativen und qualitativen Forschung differiert:

quantitativer Forschungsprozess

Ein „typischer" quantitativer Forschungsprozess, der auf eine statistische Verallgemeinerung von Befunden abzielt, wird geprägt durch: a) eine Fragestellung, b) Theorien und später zu prüfende Hypothesen als Ausgangsbasis, c) eine zu Beginn der Forschung definierbare Grundgesamtheit und definierte Stichprobe an Befragten, d) einen linearen Forschungsprozess mit getrennten Erhebungs- und Auswertungsphasen sowie e) relativ trennscharfe und aufeinander aufbauende Phasen der Untersuchung. Im Fokus des quantitativen Forschungsprozesses steht die Überprüfung von Hypothesen.

qualitativer Forschungsprozess

Der Forschungsprozess in der qualitativen Forschung, der auf die theoriebasierte Verallgemeinerung von Befunden abzielt, sieht im Detail demgegenüber anders aus (Lamnek 2010, 174f.). Ein „typischer" qualitativer Forschungsprozess wird – in Abhängigkeit von den konkreten Erhebungs- und Auswertungsmethoden – bestimmt durch a) eine Fragestellung, die zumeist im weiteren Fortgang der Untersuchung ausformuliert und präzisiert wird, b) vorläufige, sensibilisierende Konzepte als Ausgangsbasis, aber keine Hypothesen und keinen Anspruch auf Hypothesenprüfung, c) zunächst eine schrittweise Festlegung der zu befragenden Personen während der Untersuchung (Untersuchungssample auf der Basis des theoretischen Sampling), d) einen zirkulären Forschungsprozess (mehrfaches Durchlaufen von Arbeitsschritten; Änderung von Abläufen, Abhängigkeit der folgenden Arbeitsschritte von den bisherigen Ergebnissen) sowie e) sich überschneidende Phasen der Untersuchung (ohne strikte Trennung von Erhebung und Auswertung). Nicht selten besteht bei qualitativen Forschungsprozessen der Anspruch einer Theoriebildung.

Zusammenfassend betrachtet gibt es zwischen einem quantitativen und qualitativen Forschungsprozess sowohl deutliche Übereinstimmungen als auch Unterschiede. Beide Forschungsprozesse gehen von einer Fragestellung aus und beinhalten eine Abfolge von Entscheidungen hinsichtlich der Vorbereitung, Durchführung und Auswertung. Im Unterschied zum quantitativen Forschungsprozess zeichnet sich der qualitative Forschungsprozess jedoch durch eine Zirkularität sowie eine Gleichzeitigkeit von Erhebungs- und Auswertungsphase aus.

3.1.2 Checkliste

Die folgende Übersicht versucht, einen zumeist über mehrere Jahre dauernden Forschungsprozess in einer Checkliste darzustellen. Dies ist nur mit starken Vereinfachungen möglich. An einigen Stellen wird in Klammern auf Besonderheiten des qualitativen bzw. quantitativen Forschungsprozesses aufmerksam gemacht.

1. **Entdeckungsphase**
   - ❏ Idee für ein Thema/Entdeckung des Themas
   - ❏ Recherche des Forschungsstandes
   - ❏ Entwicklung einer ersten Fragestellung

2. **Vorbereitungs- und Planungsphase**
   - ❏ Literaturrecherche
   - ❏ Präzisierung der Fragestellung
   - ❏ Auswahl der Theorie
   - ❏ Hypothesenbildung und Operationalisierung (im quantitativen Forschungsprozess)
   - ❏ Definition der Grundgesamtheit
   - ❏ Auswahlverfahren für die Stichprobe (quantitativ)
   - ❏ Auswahlverfahren für das Sample (qualitativ)
   - ❏ Festlegung der Erhebungs- und Auswertungsmethoden
   - ❏ Entwicklung der Erhebungsinstrumente

3. **Durchführungsphase**
   - ❏ Pretest durchführen
   - ❏ Genehmigungen einholen
   - ❏ Terminabsprachen durchführen
   - ❏ Erhebung durchführen (quantitativ)
   - ❏ Erhebung und erste Interpretation durchführen (qualitativ)

4. Auswertungsphase
- ❑ Eingabe der Daten (quantitativ)
- ❑ Transkription der Daten (quantitativ)
- ❑ Kontrolle der eingegebenen Daten (quantitativ)
- ❑ Kontrolle der Transkripte (qualitativ)
- ❑ Beschreibung und Prüfung der Befunde
- ❑ Interpretation und Einordnung der Befunde

5. Verwertungsphase
- ❑ Festlegung der Zielgruppen
- ❑ Festlegung der Form
- ❑ Erstellung der Veröffentlichung
- ❑ Einordnung zu bestehenden Untersuchungen
- ❑ Darstellung der Verallgemeinerbarkeit und Grenzen

3.1.3 Beispiel

Im Folgenden wird am Beispiel einer Studie zu schulischen Problemen von Kindern und Jugendlichen ein idealtypischer Forschungsprozess mit seinen Phasen, Arbeitsschritten und Auswahlentscheidungen skizziert. Zur Vereinfachung wird nicht konsequent zwischen einem quantitativen und qualitativen Forschungsprozess unterschieden; an relevanten Stellen wird jedoch explizit auf Unterschiede im quantitativen und qualitativen Forschungsprozess eingegangen.

Phasen eines Forschungsprozesses

Ein Forschungsprozess lässt sich auf fünf Phasen reduzieren, wobei sich – wie bereits erläutert – die qualitative Forschung weniger durch einen linearen, sondern durch einen zirkulären Forschungsprozess auszeichnet:

zirkulärer Forschungsprozess

1. Entdeckungsphase
2. Vorbereitungs- und Planungsphase
3. Durchführungsphase
4. Auswertungsphase
5. Verwertungsphase

Anschließend werden die Phasen des Forschungsprozesses sowie die Arbeitsschritte und Auswahlentscheidungen eines Forschers in den Phasen näher erläutert (Schnell et al. 2011, 3ff.; Kromrey 2009, 70ff.; Diekmann 2007, 286ff.; Bortz/Döring 2006, 35ff.; Atteslander 2003; 21ff.):

1. Entdeckungsphase: In dieser Phase, die vor der gezielten Vorbereitung, Planung und Durchführung der Untersuchung steht, werden das eigentliche Thema und die Fragestellung der Untersuchung aus einem aktuellen Anlass heraus entdeckt und mehr oder weniger eingegrenzt. Anlass für eine Untersuchung kann zunächst ein soziales Problem, ein theoretischer Anspruch, ein Auftrag eines Geldgebers, aber auch eine Ausschreibung eines Fördermittelgebers, eine kontroverse Darstellung in Medien oder eine persönliche Betroffenheit sein. In der Entdeckungsphase wird anhand leicht zugänglicher Fachliteratur bzw. vorhandener Daten der Forschungs- und Erkenntnisstand sowie die Relevanz des Themas bewertet und ein mögliches Forschungsdefizit konstatiert. Letztlich geht es dabei um die Frage, ob sich eine Forschung zu dem Thema überhaupt lohnt. Sofern ein Forschungsbedarf und ein eigenes Interesse an der Bearbeitung des Forschungsbedarfs vorliegen, wird eine erste, grobe Fragestellung formuliert. Darüber hinaus wird nach möglichen Auftrag- bzw. Fördermittelgebern gesucht.

Wie könnte die Entdeckungsphase zur Studie „Schulische Probleme von Kindern und Jugendlichen" aussehen? Die Studie könnte auf a) den Auftrag eines Ministeriums, einer Stiftung oder einer Gewerkschaft, b) vorliegende Rückmeldungen von Eltern, Lehrern oder Ärzten sowie c) ein kritisches Bild zum Bildungssystem in der medialen Öffentlichkeit zurückgehen. Je nach Zielrichtung der Untersuchung würde dann eine erste Klärung des Forschungsdefizits und der Fragestellung erfolgen. Die Fragestellung könnte am Ende der Entdeckungsphase allgemein lauten: „Welche schulischen Probleme bestehen bei den Kindern und Jugendlichen in der Stadt Kunterbunt?" **Praxisbezug**

2. Vorbereitungs- und Planungsphase: In dieser Phase müssen die inhaltliche Fragestellung und das methodische Design der Untersuchung präzisiert werden. Konkret wird in der Vorbereitungs- und Planungsphase a) eine systematische Literaturrecherche vorgenommen (z. B. in Fachzeitschriften, Fachbüchern, Literatur- und Projektdatenbanken sowie im Internet), b) die Fragestellung der avisierten Untersuchung eingegrenzt und präzisiert, c) der theoretische Bezugsrahmen der Untersuchung gewählt und begründet sowie d) das Untersuchungsdesign festgelegt.

Mittels der Literaturrecherche muss herausgefunden werden, was bereits zu dem anvisierten Forschungsthema bekannt ist, welche Konzepte, Theorien und Forschungsmethoden zu dem Thema bislang ge- **Literaturrecherche** nutzt wurden, welche Kontroversen und widersprüchlichen Befunde zu diesem Thema existieren und wer die Experten zu dem Thema sind (Bryman 2012, 8).

Fragestellung Aufbauend auf die Literaturrecherche kommt in dieser Phase der Entwicklung einer präzisen Fragestellung eine entscheidende Bedeutung im Forschungsprozess zu (Bryman 2012, 11). Forschungsfragen beeinflussen zum einen die Literaturrecherche, das Forschungsdesign sowie die Datenerhebung und -auswertung. Zum anderen verhindern sie unnötige Suchbewegungen im Forschungsprozess und fördern die Klarheit von Untersuchungen. Die zu formulierenden Fragestellungen sollten daher bestimmte Anforderungen erfüllen: Sie sollten als Frage und einfach formuliert sein, aus dem Forschungs- und Theoriestand abgeleitet werden, einen Erkenntnisgewinn zum Forschungsdefizit versprechen, klare Begrifflichkeiten enthalten, mit adäquaten Methoden verknüpft werden und im Rahmen der Untersuchung realistisch beantwortbar sein (Bryman 2012, 90).

Theorien Sowohl bei quantitativen als auch qualitativen Untersuchungen muss sich mit Theorien (im Sinne einer Bezugstheorie bzw. einem sensibilisierenden Konzept) auseinandergesetzt werden. Bei einer quantitativen Fragestellung ist darauf aufbauend auf eine Identifizierung relevanter Dimensionen und die Formulierung und Operationalisierung von Hypothesen zu achten (Untersetzung mit Begriffen, Variablen und Indikatoren).

Untersuchungsdesign Hinsichtlich des Untersuchungsdesigns ist zunächst eine Konkretisierung der quantitativen und/oder qualitativen Untersuchung erforderlich. Darauf aufbauend ist zu klären, auf welche Merkmalsträger (Untersuchungsobjekte) sich die Aussagen der Untersuchung beziehen sollen, wie die Befragten für die Untersuchung ausgewählt und gewonnen werden (in der quantitativen Forschung: Stichprobe und in der qualitativen Forschung: Sample) und welche Erhebungs- und Auswertungsmethoden letztlich zum Einsatz kommen sollen.

Stichprobe Sofern aus zeitlichen, finanziellen oder methodischen Gründen keine Vollerhebung sinnvoll ist bzw. angestrebt wird, muss eine Stichprobe gezogen bzw. ein Sample gewählt werden. Die Stichprobenziehung kann im quantitativen Forschungsprozess entweder nicht zufallsgesteuert (z. B. willkürliche Auswahl oder bewusste Auswahl gezielter Fälle bzw. nach Gutdünken) oder zufallsgesteuert (z. B. einfache Wahrscheinlichkeitsauswahl oder komplexe Wahrscheinlichkeitsauswahl) erfolgen (Kromrey 2009, 264ff.).

Verallgemeinerung von Teilerhebungen Nach Friedrichs (1990, 125) müssen vier Voraussetzungen für eine Verallgemeinerung von Teilerhebungen gegeben sein:

„1. Die Stichprobe muß ein verkleinertes Abbild der Grundgesamtheit hinsichtlich der Heterogenität der Elemente und hinsichtlich der Repräsentativität der für die Hypothesenprüfung relevanten Variablen sein.
2. Die Einheiten oder Elemente der Stichprobe müssen definiert sein.
3. Die Grundgesamtheit sollte angebbar und empirisch definierbar sein.
4. Das Auswahlverfahren muß angebbar sein und Forderung (1) erfüllen."

Im qualitativen Forschungsprozess lassen sich grundsätzlich zwei Verfahren der Samplegewinnung unterscheiden (Seipel/Rieker 2003, 109ff.): Entweder es findet eine Vorabfestlegung des Sample *(selektives Sampling)* oder aber eine schrittweise Festlegung des Sample während des Forschungsprozesses statt *(theoretisches Sampling)*. Beim *selektiven Sample* erfolgt das Auswahlverfahren vorab anhand relevanter Eigenschaften und festgelegter Umfänge, wobei auf eine ausreichende Fallzahl pro Gruppe geachtet wird, um die Kontrastierung abzusichern. Hierzu müssen ausreichend Informationen vorliegen. Beim *theoretischen Sampling* steht die Fallauswahl nicht vorher fest, sondern wird im Forschungsprozess schrittweise präzisiert. Die Auswahl erfolgt im Forschungsprozess anhand ähnlicher Fälle (minimaler Vergleich) oder verschiedener Fälle (maximaler Vergleich). Die Rekrutierung neuer Fälle wird abgeschlossen, wenn neue Fälle keinen Erkenntnisgewinn mehr liefern (Sättigung).

zwei Verfahren der Samplegewinnung

Vor allem bei quantitativen Untersuchungen bietet es sich an, statt (einmaligen) Querschnittsuntersuchungen auch Längsschnittuntersuchungen mit mindestens zwei Befragungszeitpunkten durchzuführen oder kontrastierende Gruppen zu befragen (z. B. Vergleichsgruppen, Kontrollgruppen). Geprüft werden sollte der Einsatz unterschiedlicher Erhebungsmethoden, um die Breite und Tiefe der späteren Analyse zu verbessern. Allerdings muss dabei auch berücksichtigt werden, dass der Einsatz unterschiedlicher Methoden und besonders die gegenseitige Bezugnahme sehr aufwendig sind.

Längsschnittuntersuchungen

Am Ende der Vorbereitungs- und Planungsphase sollte zum einen Klarheit über den Forschungs- und Erkenntnisstand, die Fragestellung, die theoretischen Bezugskonzepte und das methodische Design (Stichprobe/Sample; Feldzugang, Erhebungs- und Auswertungsmethoden) bestehen. Zum anderen sollten ein konkreter Arbeitsplan mit Zeiten und Meilensteinen sowie ein detaillierter Finanzierungsplan vorliegen. Schließlich sind in der Vorbereitungs- und Planungsphase noch geeignete Erhebungsinstrumente zu entwickeln.

Ergebnis Vorbereitungs- und Planungsphase

Wie könnte die Vorbereitungs- und Planungsphase zur Studie „Schulische Probleme von Kindern und Jugendlichen" aussehen? Eine hohe Bedeutung hat ohne Zweifel die Recherche von vorhandenen Erkenntnissen und Studien aus der Fachliteratur, aber auch Statistiken aus dem

Praxisbezug

Praxisfeld (z. B. Daten, Erhebungen). Auf dieser Basis würde die ursprünglich entwickelte Fragestellung präzisiert und eingegrenzt werden. Die Fragestellung für die quantitative Untersuchung würde nunmehr lauten: „Welche schulischen Probleme von Kindern und Jugendlichen nehmen Schüler und Lehrer wahr?" Bei einem quantitativen Forschungsprozess würde auf der Basis des Forschungsstandes außerdem eine Formulierung von ersten Hypothesen erfolgen. Eine erste Hypothese könnte beispielsweise lauten: „Die Mädchen der Stadt Kunterbunt äußern häufiger als die Jungen schulische Probleme."

Eine zweite Hypothese könnte lauten: „Je schlechter das Bildungsniveau der Eltern, desto häufiger äußern Kinder und Jugendliche der Stadt Kunterbunt schulische Probleme." Als Grundgesamtheit würden alle Kinder und Jugendlichen von der 5. bis zur 10. Klasse und alle Lehrerinnen und Lehrer der Stadt Kunterbunt definiert werden, wobei mittels eines Fragebogens eine repräsentative Stichprobe aus 25 Schulen gezogen werden soll, in der alle Schüler der relevanten Klassenstufen und alle Lehrer befragt werden sollen. Beim Erhebungsinstrument würde unter anderem auf vorhandene Erhebungsinstrumente aus anderen Studien zurückgegriffen. Der Zugang zu den Befragten erscheint durch bestehende Kooperationsprojekte mit den Schulen der Stadt sowie eine Genehmigung der Schulbehörde abgesichert, die die Studie auch finanziert. Insgesamt stände für die Untersuchung lediglich ein Jahr zur Verfügung, da die Stadt die Untersuchungsergebnisse in der Kommunal- und Jugendpolitik berücksichtigen möchte.

3. Durchführungsphase: In dieser Phase werden die für die Auswertung notwendigen Daten erhoben. Zum Einsatz kommen hier beispielsweise standardisierte Befragungen (Fragebogen), teil- und nichtstandardisierte Befragungen (z. B. Einzelinterview, Gruppeninterview oder Gruppendiskussion), Beobachtungen sowie Tests und Experimente. Die Durchführungsphase stellt aufgrund der Datenerhebung das eigentliche Herzstück des Forschungsprozesses dar, wird jedoch maßgeblich durch die Güte der Vorbereitungs- und Planungsphase bestimmt. Eine durchdachte Vorbereitung und Planung spart sehr viel Zeit in der Durchführung und Auswertung.

Vor der eigentlichen Hauptuntersuchung sind in der Durchführungsphase folgende Arbeitsschritte umzusetzen: a) die schriftliche und/oder mündliche Vorstellung des Forschungsprojektes bei relevanten Akteuren (z. B. Multiplikatoren, Genehmigungsbehörde/-akteuren, Befragtengruppen), b) ggf. die Einholung von Genehmigungen für die Befragung bei zuständigen Behörden bzw. Akteuren (z. B. Schulbehörden,

Leiter der Jugendeinrichtung, Schulleiter), c) die Durchführung eines Vor-Tests (Pretests) mit einer anschließenden Korrektur der Erhebungsinstrumente sowie d) die konkreten Absprachen mit relevanten Entscheidungsakteuren im Feld für eine möglichst reibungslose Erhebung. Bei Befragungen von Kindern und Jugendlichen sollte Klarheit darüber bestehen, ob andere Personen während der Untersuchung anwesend sein dürfen, da dies das Antwortverhalten beeinflussen könnte (z. B. Anwesenheit von Eltern, Geschwistern, Lehrkräften). Sollten die einzelnen Arbeitsschritte umgesetzt worden sein, dürfte die Durchführung der eigentlichen Hauptuntersuchung gut vorbereitet sein.

Zu beachten ist, dass in qualitativen Untersuchungen zum Teil bereits während der Durchführungsphase mit der Auswertung (Beschreibung, Interpretation, Vergleich) begonnen wird und darauf aufbauend eine Präzisierung der Fragestellung und des Untersuchungssample erfolgt.

Wie könnte die Durchführungsphase zur Studie „Schulische Probleme von Kindern und Jugendlichen" aussehen? Im Rahmen des anvisierten Forschungsprojektes wurden zunächst mehrere Gespräche mit relevanten Akteuren im Schul- und Jugendbereich geführt (Kultusministerium, Schulleitungen, Jugendamt, freie Träger der Jugendhilfe) und das Forschungsprojekt mündlich und schriftlich (eine A4-Seite) vorgestellt. Die Genehmigung der Befragung dauerte mit zwei Monaten länger als gedacht. Nach dem Erhalt der Befragungsgenehmigung wurde ein kleiner Pre-Test an zwei Schulen bei Schülern und Lehrern durchgeführt (Klassen außerhalb der anvisierten Stichprobe). Daran anschließend erfolgte eine Überarbeitung der Fragebögen (z. B. klarere Instruktionen, Reihenfolge der Fragen, Herausnahme missverständlicher Fragen, Kürzung des Fragebogens) und eine Absprache der Befragung mit den Ansprechpartnern in den Schulen (z. B. Schulleitungen, Schulsozialarbeiter, Koordinatoren, Sekretariat). Die eigentliche Hauptuntersuchung fand dann in 25 Schulen der Stadt Kunterbunt bei Schülern und Lehrern statt. Die Termine und Vorgehensweisen wurden vorher genau abgesprochen.

Praxisbezug

4. Auswertungsphase: Diese Phase zielt auf eine Analyse des erhobenen (bzw. zum Teil auch bereits vorhandenen) Datenmaterials ab. Bei einem quantitativen Forschungsprozess geht es in der Auswertungsphase zunächst um die Eingabe der Daten für die rechnergestützte Auswertung und eine Aufbereitung der Daten (z. B. bei fehlerhaften Eingaben bzw. Angaben; für komplexere Auswertungen durch die Zusammenfassung von mehreren Variablen zu Indizes und Skalen). Daran anschließend erfolgen a) eine deskriptive Beschreibung der Daten unter Berücksichtigung der Fragestellungen, b) eine statistische Prüfung der vorher aufgestellten Zusammenhangs- und Unterschiedshypothesen sowie c) eine statistische Prüfung von komplexeren Kausal- und Modellannahmen. Am Ende werden die vorliegenden Befunde unter Berücksichtigung der Fragestellungen und der eingangs aufgestellten Hypothesen bewertet und diskutiert. In einem qualitativen Forschungsprozess wird die Auswertungsphase am Anfang durch die Transkription des erhobenen Datenmaterials bzw. die Verschriftlichung und Zusammenfassung von Protokollnotizen dominiert, sofern sich die qualitative Analyse nicht auf bereits vorhandenes Datenmaterial stützt. An diesen Arbeitsschritt schließt sich eine Interpretation und Diskussion des Datenmaterials an, die wiederum zu einer Re-Formulierung der Fragestellung und neuen Befragungen führen kann. Die Interpretation wird abgeschlossen, wenn aus neuen Fällen bzw. qualitativen Daten keine neuen Erkenntnisse gewonnen werden können und insofern eine Sättigung erreicht ist.

Praxisbezug Wie könnte die Auswertungsphase zur Studie „Schulische Probleme von Kindern und Jugendlichen" aussehen? In einem ersten Schritt werden die beantworteten Fragebögen durchnummeriert und dann einzeln mittels eines genauen Codierplans per Hand in ein Statistikprogramm eingegeben (z. B. Excel, SPSS). Bei einer Onlinebefragung könnte dieser Schritt entfallen und bei scanfähigen Fragebögen automatisch erfolgen. In einem zweiten Schritt folgt eine Plausibilitätskontrolle und Korrektur der Daten (z. B. durch Wiederholungseingabe, eine rechnergestützte Prüfung auf unzulässige, unplausible oder inkonsistente Werte). Im dritten Schritt werden bestehende Variablen und Gruppen von Kindern und Jugendlichen zusammengefasst, um latente Konstrukte, Indizes und Skalen von Variablen bzw. Gruppen von ähnlichen Kindern und Jugendlichen zu bilden. So wurden zum Beispiel drei Gruppen von Klassen gebildet (5./6. Klasse, 7./8. Klasse, 9./10. Klasse), mehrere Fragen zu Belastungen zu Belastungsformen (z. B. schulische, familiäre, persönliche Probleme) und Gruppen von Kindern und Jugendlichen zu Belastungstypen gebündelt (Typen mit Einfachbelastung, Mehrfachbelastung oder Risikobelastung). Danach wurden Häufigkeitsauszählungen mit Blick auf die Fragestellung der Untersuchung vorgenommen, die Schüler- und Lehreraussagen verglichen und die eingangs formulierten Hypothesen statistisch geprüft.

5. Verwertungsphase: Diese Phase dient in erster Linie der Aufbereitung der Forschungsergebnisse zur Darstellung und Weiternutzung durch die Forscher selbst bzw. die Auftrag- und Fördermittelgeber. Im Regelfall zielt ein Forschungsprojekt nicht nur auf die Erstellung eines klassischen Forschungsberichts ab, sondern auch auf eine Publikation der Ergebnisse in einer Fachpublikation (z. B. Monografie, Herausgeberband, Fachzeitschrift) bzw. einer Präsentation vor der Fachöffentlichkeit (z. B. auf Fachtagungen, Gremien, Kollegien, Arbeitskreisen). Für eine ertragreiche Verwertung der Forschungsergebnisse muss beim Forscher Klarheit darüber bestehen, wer konkret die Ergebnisse in welchem Kontexte nutzen möchte bzw. soll, wer die Zielgruppen der Veröffentlichung sind und in welcher Form die Veröffentlichung der Ergebnisse erfolgen soll (Berichte, Publikationen und Präsentationen). Gegebenenfalls ist für eine weitere Verwertung der Ergebnisse auch eine enge Zusammenarbeit mit Fachkollegen, Entscheidungsträgern und Medien sinnvoll. Der Bericht muss an die jeweiligen Zielgruppen und Formen angepasst werden. Sowohl beim quantitativen als auch beim qualitativen Forschungsprozess sind in entsprechenden Berichten nicht nur die Befunde der Untersuchung selbst darzustellen, sondern auch eine Einordnung zu bestehenden Untersuchungen und Erkenntnissen vorzunehmen sowie die Verallgemeinerbarkeit und die Grenzen der Untersuchung zu betrachten.

Wie könnte die Verwertungsphase zur Studie „Schulische Probleme von Kindern und Jugendlichen" aussehen? In dem Abschlussbericht für die Stadt Kunterbunt und die Schulbehörde wurden die einzelnen Untersuchungsergebnisse dargestellt, leicht verständlich aufbereitet, in den Fachdiskurs und regionalen Kontext eingeordnet und mögliche Schlussfolgerungen für die Bildungs- sowie die Kinder- und Jugendpolitik der Stadt Kunterbunt aus den Befunden abgeleitet. Die Veröffentlichung der Ergebnisse im Abschlussbericht und auf zwei folgenden Fachtagungen förderte kontroverse Diskussionen über Bilder zu Kindern und Jugendlichen sowie die Möglichkeiten und Grenzen kommunaler Kinder- und Jugendpolitik. **Praxisbezug**

3.1.4 Übungsaufgaben

Wählen Sie sich eine Fragestellung zu einem Sie interessierenden Thema aus. **Aufgabe 1**

Beschreiben Sie relevante Arbeitsschritte in den unterschiedlichen Phasen Ihres Forschungsprozesses. **Aufgabe 2**

Geben Sie an, welche Unterschiede zwischen einem quantitativen und qualitativen Forschungsprozess bestehen. **Aufgabe 3**

3.1.5 Literaturempfehlungen

Einen guten Überblick über den quantitativen Forschungsprozess bietet:

Kromrey, H. (2009): Empirische Sozialforschung. 12. Aufl. Lucius & Lucius, Stuttgart

Eine gute Übersicht über den qualitativen Forschungsprozess vermittelt:

Lamnek, S. (2010): Qualitative Sozialforschung. Lehrbuch 5. Aufl. Beltz, Weinheim

3.2 Befragung

Die Befragung zählt zu den am häufigsten eingesetzten und vielfältigsten Verfahren der Datenerhebung (Kromrey 2009, 336). Entsprechend umfangreich fällt die Fachliteratur zu diesem Thema aus (Mayer 2012; Moosbrugger/Kelava 2011; Konrad 2011; Bühner 2010; Scholl 2009).

Im Folgenden wird ein Überblick über unterschiedliche Formen der Befragung gegeben. Hierzu erfolgt – nach der Begriffsklärung *(Kap. 3.2.1)* und Erläuterung von Theorieansätzen *(Kap. 3.2.2)* – zunächst eine Darstellung unterschiedlicher Befragungsformen *(Kap. 3.2.3)* und konkreter Methoden einschließlich möglicher Kritikpunkte *(Kap. 3.2.4)*. Anschließend werden wichtige methodische Verfahrensregeln bei der Vorbereitung von Befragungen sowie zentrale Gütekriterien erläutert *(Kap. 3.2.5)* und Grenzen und Kritikpunkte aufgezeigt *(Kap. 3.2.6)*. Das Kapitel wird mit zwei Checklisten für Fragebögen und leitfadengestützte Interviews *(Kap. 3.2.7)*, zwei Beispielen für eine Befragung *(Kap. 3.2.8)*, zwei Übungsaufgaben *(Kap. 3.2.9)* sowie Literaturempfehlungen *(Kap. 3.2.10)* abgeschlossen.

> ***Wenn Sie dieses Kapitel durchgearbeitet haben, sollten Sie wissen,***
>
> 1. *was man unter einer Befragung versteht,*
> 2. *auf welche Theorieansätze bei einer Befragung zurückgegriffen werden kann,*
> 3. *welche unterschiedlichen Formen von Befragungen es gibt und welche Grenzen und Kritikpunkte bei diesen Formen bestehen,*
> 4. *wie man grundsätzlich Befragungen durchführt und*
> 5. *welche Gütekriterien wichtig sind.*

3.2.1 Definition

Befragungen werden in der Erziehungswissenschaft sehr häufig eingesetzt, sind jedoch aufgrund ihrer unterschiedlichen Standardisierung, Kommunikationsformen und Erhebungsorte kaum miteinander zu vergleichen.
Atteslander (2003, 120ff.) versteht unter einer Befragung Folgendes:

„Befragung bedeutet Kommunikation zwischen zwei oder mehreren Personen. Durch verbale Stimuli (Fragen) werden verbale Reaktionen (Antworten) hervorgerufen: Dies geschieht in bestimmten Situationen und wird geprägt durch gegenseitige Erwartungen. Die Antworten beziehen sich auf erlebte und erinnerte soziale Ereignisse, stellen Meinungen und Bewertungen dar."

Befragung bedeutet Kommunikation

Definition:
Darauf aufbauend kann unter einer **wissenschaftlichen Befragung** allgemein ein Erhebungsverfahren verstanden werden, bei dem eine oder mehrere Personen mittels Fragebogen, Leitfaden, Stegreiferzählung oder Stimulus zu einer Fragestellung mündlich oder schriftlich interviewt werden und ihr Wissen, ihre Sichtweisen, Einstellungen und Einschätzungen wiedergeben sollen. Im Unterschied zur alltäglichen Befragung zeichnet sich die wissenschaftliche Befragung durch ihre Zielgerichtetheit und theoriegeleitete Kontrolle aus (Atteslander 2003, 203). Befragungen können im direkten Gespräch Face-to-Face, telefonisch, schriftlich oder per Internet erfolgen (Schnell et al. 2011, 315).

3.2.2 Theorieansätze

Eine einheitliche Theorie zu Befragungen liegt bislang – nicht zuletzt aufgrund der Vielfalt an Befragungsformen und -methoden – nicht vor (Schnell et al. 2011, 349). Prägend sind spezifische Theorieansätze für die einzelnen Befragungsformen und -methoden (z. B. für Gruppendiskussionen: Bohnsack 2008; für narrative Interviews: Schütze 1983; für problemzentrierte Interviews: Witzel 1985; für standardisierte Befragungen: z. B. Moosbrugger/Kelava 2011 und Kromrey 2009). Für standardisierte Befragungen ist zudem die Testtheorie von Bedeutung (Kap. 3.4).

Theorie zu Befragungen

Darüber hinaus existieren zahlreiche Theorieansätze, die sich mit Antwortverweigerungen und -verzerrungen – besonders bei standardisierten Befragungen – beschäftigen (z. B. Kosten-Nutzen-Modelle). Diese Theorieansätze machen zum einen darauf aufmerksam, dass die Interviewbereitschaft, das Interviewgeschehen und das Antwortverhalten nur vor dem Hintergrund der Intentionen der Akteure und der sozialen Interaktion zwischen Interviewer und Interviewten sinnvoll interpretiert werden können. Zum anderen wird deutlich, dass eine sorgfältige Vorbereitung und Durchführung von Befragungen zu einer Verringerung von Antwortverweigerungen und -verzerrungen beitragen, diese jedoch durch die Komplexität und Interaktion in der Erhebungssituation nicht vollständig reduzieren und kontrollieren kann (Schnell et al. 2011, 349ff.).

3.2.3 Formen

unterschiedliche Formen von Befragungen

In der erziehungswissenschaftlichen Forschung werden sehr unterschiedliche Formen von Befragungen eingesetzt, die vor allem hinsichtlich a) der Standardisierung (voll- vs. teil- und nichtstandardisiert), b) der Kommunikationsform (mündlich vs. schriftlich) und c) des Erhebungsortes (Face-to-Face vs. telefonisch vs. per Internet) voneinander abweichen.

Erste Unterscheidung: Standardisierung (vollstandardisiert, teilstandardisiert und nichtstandardisiert): Befragungen unterscheiden sich grundlegend hinsichtlich ihres Standardisierungsgrades. Differenzieren lassen sich vollstandardisierte, teilstandardisierte und nichtstandardisierte Befragungen.

vollstandardisierte Befragung

Bei einer vollstandardisierten Befragung sind die Fragen, die Reihenfolge der Fragen und die Antwortmöglichkeiten genau vorgegeben. Die Befragten haben nur sehr geringe Beantwortungsspielräume. Das klassische Erhebungsinstrument einer vollstandardisierten Befragung ist der Fragebogen. Das Ziel solcher standardisierter Befragungen besteht in erster Linie darin, zu einer zahlenmäßigen Beschreibung von sozialen Gruppen oder Phänomenen zu gelangen, um die objektive Wirklichkeit abbilden und erklären zu können.

teilstandardisierte Befragung

Bei einer teilstandardisierten Befragung gibt es vorformulierte Fragen; die Reihenfolge der Fragen und die Antwortmöglichkeiten der Interviewten sind jedoch nicht genau vorgegeben. Ein typisches Beispiel für eine teilstandardisierte Befragung sind leitfadengestützte Interviews (z. B. problemzentrierte Interviews).

nichtstandardisierte Befragung

Bei einer nichtstandardisierten Befragung gibt es hingegen – von einem Stimulus abgesehen – keine Vorgaben für die Interviewer und die Interviewten im Hinblick auf Fragen und Antwortmöglichkeiten. Die Befragten verfügen insofern über sehr große Spielräume bei ihren Ausführungen. Klassische Erhebungsinstrumente für nichtstandardisierte

Befragungen sind narrative Interviews, die zu einer (freien) Stegreiferzählung anregen, und Gruppendiskussionen, die einen selbstläufigen Diskurs zwischen den Teilnehmern erzeugen sollen. In der Erziehungswissenschaft sind alle drei Standardisierungsformen anzutreffen.

Vollstandardisierte Befragungen

Der Vorteil von standardisierten Befragungen besteht darin, dass Größenordnungen und Relationen quantifiziert angegeben sowie Zusammenhänge zwischen unterschiedlichen Variablen und Unterschiede zwischen Gruppen statistisch geprüft werden können.

Eine Erkenntnisgrenze von vollstandardisierten Befragungen ist besonders darin zu sehen, dass diese sich lediglich auf solche Themenbereiche und Einschätzungen beziehen können, die bereits bekannt sind und daher abgefragt werden (können). Die Erkenntnisgenerierung vollzieht sich also innerhalb eines begrenzten Rahmens. Eine Gefahr bei vollstandardisierten Befragungen besteht darin, dass diese ohne theoretische Vorüberlegungen und ausreichende Bezüge zur Lebenswelt der Befragten durchgeführt werden. In diesen Fällen werden statistische Artefakte produziert.

Teil- und nichtstandardisierte Befragungen

Die skizzierten teilstandardisierten und nichtstandardisierten Befragungen werden in der qualitativen erziehungswissenschaftlichen Forschung auch unter anderen Bezeichnungen subsummiert, wobei nicht selten Mischformen eingesetzt werden. Eine klassische Unterteilung erfolgt zwischen leitfadengestützten Interviews (=teilstandardisierte, vorstrukturierte Interviews) und erzählgenerierenden Interviews (=nichtstandardisierte, offene Interviews; Helfferich 2011; Friebertshäuser/Langer 2010; Lamnek 2010; Hopf 2009; Flick 2007).

Leitfadengestützte Interviews (z.B. problemzentrierte Interviews, Experteninterviews) basieren auf einem Vorverständnis des Forschers und geben durch vorformulierte Themenbereiche oder konkrete Fragen einen Rahmen für mögliche Fragen und Antworten vor. Der eingesetzte Leitfaden dient allerdings nur als Orientierungshilfe, damit relevante Fragestellungen im Interview berücksichtigt werden und eine Ver-

leitfadengestützte Interviews

gleichbarkeit zwischen den Interviews gewährleistet ist. Die Interviewten müssen die Möglichkeit erhalten, weitgehend eigenständig die Inhalte und Abfolge ihrer Ausführungen bestimmen zu können. Insofern ist durch den Interviewer ein flexibler Umgang mit dem Leitfaden wichtig (keine „Leitfadenbürokratie": Hopf 2009, 358). Fragen aus dem Leitfaden können im Interview weggelassen und verändert werden. Die meisten Interviewformen erfolgen leitfadengestützt (z. B. fokussiertes Interview, halbstandardisiertes Interview, problemzentriertes Interview, Experteninterview). In der erziehungswissenschaftlichen Forschung werden sehr häufig problemzentrierte Interviews (Witzel 1985, 2000) sowie Experteninterviews (Meuser/Nagel 1991, 2010) eingesetzt.

problemzentrierte Interviews In problemzentrierten Interviews stehen gesellschaftlich relevante Probleme sowie die Sicht der Befragten zu einer Problemstellung im Fokus des Interesses. Der Erkenntnisgewinn wird durch ein induktiv-deduktives Wechselspiel ermöglicht: Zum Einsatz kommen erzählungsgenerierende Kommunikationsstrategien (z. B. Einleitungsfrage, Sondierungen, Ad-hoc-Fragen) und verständnisgenerierende Kommunikationsstrategien (z. B. Zurückspiegelungen, Verständnisfragen, Konfrontationen). Kritikpunkte richten sich auf die unzureichende Fundierung der Auswertung (Witzel 1985), die inzwischen jedoch ausdifferenziert wurde: Die Auswertung soll zunächst über eine Interpretation der Einzelinterviews mittels offener und axialer Codierung und anschließend über eine Komprimierung der Daten mittels eines kontrastierenden Fallvergleichs und einer selektiven Codierung erfolgen (Witzel 2000).

Experteninterviews Die Methode der Experteninterviews wurde in Deutschland von Meuser und Nagel in die Fachdiskussion eingebracht (1991) und danach sukzessive weiterentwickelt (Bogner et al. 2009; Gläser/Laudel 2010). Ziel von Experteninterviews ist die Rekonstruktion der Wissensbestände, Wirklichkeitskonstruktionen und Handlungsstrategien der Experten. Der Expertenstatus ist von der Zuschreibung durch die Forscher abhängig und wird meist am Verantwortungsbereich der zu befragenden Person, der exklusiven Stellung oder dem privilegierten Zugang zu Wissen festgemacht. Die Auswertung der Interviews erfolgt über eine Paraphrasierung und Codierung der Einzelinterviews und nachfolgend einen thematischen Vergleich, eine soziologische Konzeptualisierung und theoretische Generalisierung (Meuser/Nagel 1991; 2010). Kritische Einwände gegen Experteninterviews beziehen sich auf die Unklarheiten des Expertenstatus, das mitunter wenig ausdifferenzierte Auswertungsverfahren sowie die Gefahr einer bloßen Inhaltswiedergabe von Expertenmeinungen ohne eigene Interpretation.

Erzählgenerierende Interviews/Gruppendiskussionen dienen dazu, die Interviewten bzw. Diskutanten zu Erzählungen anzuregen (z.B. über ihre aktuelle Lebenslage, ihren Alltag oder ihre Lebensgeschichte bzw. ein kontroverses Thema). Es gibt insofern keinen vorformulierten Leitfaden, sondern lediglich einen Erzählstimulus. Die Interviewer halten sich mit Fragen zurück und geben den Interviewten bzw. Diskutanten Gelegenheit, „ihre Geschichte" zu erzählen. Aufbauend auf diese Erzählung können immanente und später exmanente Nachfragen gestellt werden. In der erziehungswissenschaftlichen Forschung werden als erzählgenerierende Methoden häufig narrative Interviews nach Schütze (1983) und Gruppendiskussionen nach Bohnsack (2010) eingesetzt.

Das narrative Interview findet vor allem in der Lebenslauf- und Biografieforschung Anwendung (Jakob 2010; Rosenthal/Fischer-Rosenthal 2004; Schütze 1983). Ausgegangen wird von der „narrativen Kompetenz" des Menschen und Zugzwängen, in die sich ein Interviewter bei Erzählungen verstrickt (Gestaltschließungszwang, Kondensierungszwang, Detaillierungszwang). Der Interviewte wird durch eine Erzählaufforderung (Stimulus) gebeten, aus dem Stegreif seine Lebensgeschichte zu erzählen. Nach dem Ende der Stegreiferzählung, angezeigt durch ein Signal des Interviewten (Erzählkoda), folgen ein immanenter Nachfrageteil und ein exmanenter Nachfrageteil. Aus den narrativen Sequenzen der Erzählung werden Prozessstrukturen des Lebenslaufs sowie Entwicklungen und Veränderungen der biografischen Identität rekonstruiert. Die Auswertung von narrativen Interviews ist sehr aufwendig (Rosenthal/Fischer-Rosenthal 2004; Schütze 1983). Sie zielt darauf auf, die Sequenzen des Interviews, die zur Textsorte der Erzählung gehören, zu interpretieren, um die Prozessstrukturen des Lebenslaufes herausarbeiten zu können. Einwände gegen das narrative Interview wenden sich gegen die unübliche Rollensituation im Interview, die Gleichsetzung von Erzählung mit tatsächlicher Erfahrung sowie die schwierige Auswertbarkeit der unstrukturierten Erzählungen.

Die Methode der Gruppendiskussion hat in Deutschland bereits eine längere Tradition (Bohnsack 2008). Das Ziel von Gruppendiskussionen besteht vor allem darin, durch gruppendynamische Prozesse kollektive Orientierungsmuster (Wissensbestände, Strukturen, Erfahrungsräume) herauszuarbeiten, die durch generations-, geschlechts-, bildungs- und sozialräumliche Milieus und Erfahrungen geprägt sind (Bohnsack 2004; 2008; 2010). Hierfür muss den Teilnehmern ein möglichst hoher Grad an „Eigenstrukturiertheit" ermöglicht werden

(z. B. durch wenige Eingriffe des Forschers). Die Auswertung basiert auf der dokumentarischen Methode. Sie beginnt wird mit einer formulierenden Interpretation, d. h. der Rekonstruktion des Verlaufes der Gruppendiskussion durch die Herausarbeitung von Oberbegriffen, Überschriften und Themen. Darüber hinaus werden relevante Textstellen für die weitere Interpretation ausgewählt (z. B. für Fragestellung wichtig, Textstellen mit interaktiver und metaphorischer Dichte). Danach erfolgt die reflektierende Interpretation, die darauf abzielt, den Rahmen, innerhalb dessen das Thema bearbeitet wird, zu rekonstruieren. Es schließen sich eine zusammenfassende Fallbeschreibung und die Typenbildung an (Bohnsack 2008; 2010). Kritik an der Methode bzw. Praxis von Gruppendiskussionen besteht mit Blick auf die ungleiche Verteilung von Redebeiträgen, die starke Konsensorientierung bzw. Polarisierung in den Diskussionen, die geringen Entfaltungsmöglichkeiten der Einzelnen in solchen Diskussionen sowie den mitunter unreflektierten Einsatz (Kühn/Koschel 2011).

Zweite Unterscheidung: Kommunikationsform (mündlich oder schriftlich): Es gibt Befragungen in schriftlicher Form (z. B. Fragebogen) und in mündlicher Form (z. B. Interview).

spezifische Merkmale Bortz und Döring (2006) leiten aus dieser Unterscheidung spezifische Merkmale von Befragungen ab. Eine schriftliche Befragung liegt ihrer Einschätzung nach dann vor, „wenn Untersuchungsteilnehmer schriftlich vorgelegte Fragen (Fragebögen) selbstständig schriftlich beantworten" (Bortz/Döring 2006, 252). Eine schriftliche Befragung hat demnach den Vorteil, dass die Frage- und Antwortmöglichkeiten weitgehend standardisiert sind, die Erhebung anonymisiert stattfindet und die Befragungssituation beim Ausfüllen in der Hand der Befragten liegt. Ein anderes Bild ergibt sich diesbezüglich für persönliche Interviews, da hier die Fragen und Antworten kaum standardisierbar sind, zumindest in der Erhebungssituation keine anonyme Situation vorliegt und die Durchführung durch die Interviewer bestimmt wird (Bortz/Döring 2006, 237).

Vollstandardisierte Fragebogen- bzw. Interneterhebungen haben bei schriftlichen Befragungen in der Erziehungswissenschaft ein Alleinstellungsmerkmal und werden sehr häufig eingesetzt. Bei den mündlichen Befragungen besteht in der Erziehungswissenschaft hingegen eine große Vielfalt an Befragungsformen. Häufiger eingesetzt werden Einzelinterviews und Gruppendiskussionen. *Tabelle 1* gibt einen Überblick über ausgewählte Befragungsmethoden, differenziert nach dem Standardisierungsgrad und der Anzahl der Befragten.

Tab. 1: Beispiele für unterschiedliche Formen der Befragung (nach Schnell et al. 2011, 317)

Standardisierungsgrad	Einzelbefragung	Gruppenbefragung
gering	Narrative Interview	Gruppendiskussion
mittel	Leitfadeninterviews (z. B. ExpertInneninterview, problemzentriertes Interview)	Gruppeninterview
hoch	Einzelbefragung mit Fragebogen	Gruppenbefragung mit Fragebogen

Dritte Unterscheidung: Erhebungsort: Eine weitere Unterscheidung zwischen Befragungen besteht im Erhebungsort. Eine Befragung kann Face-to-Face, schriftlich, per Telefon oder per Internet erfolgen. Die einzelnen Varianten haben spezifische Vor- und Nachteile (Schnell et al. 2011, 313ff.):

Die Face-to-Face-Befragung ist durch eine unmittelbare Kommunikation zwischen Interviewer und Interviewten geprägt. Die Vorteile einer solchen persönlichen Befragung sind vor allem darin zu sehen, dass Verständnisfragen unmittelbar geklärt werden können und vollständige Antworten vorliegen. Nachteile sind in den relativ hohen Erhebungskosten und der möglichen Beeinflussung durch Interviewer-Effekte zu sehen (z. B. soziale Erwünschtheit: statt zutreffender Antwort wird die Antwort gegeben, die für die Erwartung des Interviewers gehalten wird). **Face-to-Face**

Bei schriftlichen Befragungen erhalten die Befragten einen Fragebogen persönlich, über Dritte oder per Post vorgelegt, den sie eigenständig beantworten sollen. Der Fragebogen wird nach der Beantwortung eingesammelt oder wieder zurückgesandt. Vorteile liegen hier in der eigenständigen Zeiteinteilung für die Beantwortung, dem Ausschluss von Interviewereffekten sowie der Gewährleistung einer weitgehend anonymen Beantwortung. Nachteile sind darin zu sehen, dass Verständnisprobleme zumeist nicht geklärt werden können und der Rücklauf zum Teil nur begrenzt kontrollierbar ist (z.B. systematische Ausfälle bei bestimmten Befragtengruppen). **schriftliche Befragung**

Telefonische Befragungen erfolgen computergestützt und orientieren sich an vorgegebenen Fragen und Antwortmöglichkeiten (hoher Standardisierungsgrad). Vorteile von Telefonbefragungen bestehen im kostengünstigen Zugang zu Befragten, den insgesamt relativ geringen Erhebungskosten (z.B. keine Fahrtkosten) sowie der Möglichkeit zur Klärung von Verständnisfragen. Nachteile sind in systematischen Aus- **telefonische Befragung** fällen bestimmter Bevölkerungsgruppen (z. B. Personen ohne Telefon oder mit einem geringeren Bildungsniveau), Beeinflussungen durch den Interviewer (z. B. sozial erwünschte Antworten) sowie der notwendigen Kürze der Telefoninterviews zu sehen (zumeist maximal 30 Minuten).

internetbasierte Befragung Die Bedeutung von internetbasierten Befragungen hat in den letzten Jahren – im Zug der Technisierung und Digitalisierung – enorm zugenommen. Der Zugang zu den Befragten erfolgt über unterschiedliche Wege (z. B. Websurveys, E-Mails, Blogs, Facebook, Homepage). Die Vorteile von internetbasierten Befragungen liegen in der sehr guten Erreichbarkeit einer Vielzahl von Befragten, den sehr geringen Erhebungskosten sowie den äußerst geringen Eingabekosten der Daten. Nachteile von internetbasierten Befragungen bestehen in der z.T. aufwendigen Sammlung von Mailadressen der Befragten, der möglichen Belästigung von Personen durch E-Mails (Spam) sowie vor allem hinsichtlich des kaum kontrollierbaren Rücklaufs (z. B. systematische Ausfälle bei bestimmten Befragtengruppen).

3.2.4 Methodisches Vorgehen

Die methodische Umsetzung von Befragungen unterscheidet sich zwischen den unterschiedlichen Formen und Methoden zum Teil sehr deutlich. Im Folgenden sollen allgemeine Hinweise zur *Vorbereitung von Befragungen* gegeben werden (Kromrey 2009, 358ff.).

Die Vorbereitung einer Befragung beginnt im ersten Schritt mit einer Themenfindung, einer Eingrenzung des Themas, einer Literatur- und Instrumentenrecherche sowie der Festlegung einer Fragestellung (bei standardisierten Befragungen zusätzlich Formulierung von Hypothesen). Darauf aufbauend ist es in einem zweiten Schritt – je nach Methode – sinnvoll, Themenblöcke und relevante Fragen für das Erhebungsinstrument zusammenzustellen und zu sortieren. In einem dritten Schritt wird das Erhebungsinstrument (z. B. Fragebogen, Leitfaden, Stimulus) für den praktischen Einsatz formatiert, bevor in einem vierten Schritt ein kleiner Vortest (Pre-Test) und eine Überprüfung des Erhebungsinstruments erfolgen.

zeitaufwendige Fragebogenkonstruktion Berücksichtigt werden muss, dass für die Entwicklung des Erhebungsinstrumentes sehr viel Zeit benötigt wird, da zahlreiche Auswahlentscheidungen (z. B. Themenblöcke, Fragen, Reihenfolge, Layout) getroffen werden müssen. Sinnvoll sind bei der Konstruktion von Erhebungsinstrumenten a) eine Orientierung an der Fragestellung der Untersuchung, b) eine Zusammenarbeit im Team für notwendige Auswahlentscheidungen c) der Rückgriff auf vorhandene Erhebungsinstrumente sowie d) vom Allgemeinen zum Speziellen zu gelangen. Die Erhebungsinstrumente sollten zudem im Interesse der Forscher und der Befragten übersichtlich gestaltet sein und eine logische Struktur aufweisen (z. B. Fragebogen: 1. Anschreiben, 2. Aufwärmfragen, 3. Hauptfragen, 4. soziodemografische Fragen, 5. Abschlussfragen).

In der Fachdiskussion werden unterschiedliche Fragetypen unterschieden, die bei der Entwicklung von Erhebungsinstrumenten zu berücksichtigen sind (Kromrey 2009, 252):

1. Geschlossene Fragen werden vor allem bei standardisierten Befragungen eingesetzt und sind für teil- und nichtstandardisierte Befragungen hinderlich. Geschlossene Fragen zielen darauf ab, dass die Antwortmöglichkeiten vollständig und genau vorgegeben sind. Die Befragten haben insofern keine Möglichkeit, eigene Themenbereiche zu benennen oder mit eigenen Worten auf eine Frage zu reagieren. Geschlossene Fragen bieten sich insbesondere für bekannte Themenfelder und die zahlenmäßige Bestimmung von Sachverhalten an. Ein Nachteil ist in den vorgefertigten Antworten zu sehen, die die Befragten einschränken. **geschlossene Fragen**

2. Offene Fragen werden vor allem bei teil- und vollstandardisierten Befragungen, in geringer Zahl auch bei standardisierten Befragungen eingesetzt. Auf solche offen gehaltenen Fragen können und sollen die Befragten mit eigenen Gedanken und Worten reagieren. Es gibt also keine Antwortvorgaben. Offene Fragen eignen sich vor allem für nicht klassifizierbare Sachverhalte und für Fälle, in denen authentische und umgangssprachliche Antworten von Befragten erhoben werden sollen. Bei teil- und nichtstandardisierten Befragungen wird auf eine erzählgenerierende Formulierung der offenen Fragen geachtet (z. B. „Erzählen Sie doch mal...", „Können Sie mal beschreiben..."). Berücksichtigt werden muss bei standardisierten Befragungen, dass offene Fragen zum Teil nicht beantwortet werden bzw. unter Umständen ein hoher Kategorisierungs- und Auswertungsaufwand für die Forscher entsteht. **offene Fragen**

3. Bei Hybridfragen, die vor allem in standardisierten Befragungen zum Einsatz kommen, gibt es zwar vorgegebene Antwortmöglichkeiten, allerdings haben die Befragten die Möglichkeit, die vorgegebenen Antwortmöglichkeiten mit eigenen Beispielen zu erweitern. Hybridfragen sind dort lohnenswert, wo nicht alle möglichen Antwortmöglichkeiten bekannt sind bzw. eine Vielzahl an weiteren Antwortmöglichkeiten denkbar ist, die jedoch jeweils eher selten vorkommen. **Hybridfragen**

Zusammenfassend betrachtet ist bereits bei der Vorbereitung von Befragungen auf die Konstruktion der Erhebungsinstrumente und die Formulierung von Fragen und Antworten zu achten.

3.2.5 Gütekriterien

Die Gütekriterien unterscheiden sich zwischen standardisierten und teil- bzw. nichtstandardisierten Befragungen.

Gütekriterien standardisierte Befragungen

Für die standardisierte Befragung gelten die gleichen Gütekriterien wie bei einem Test *(Kap. 3.4)*. Zu diesen klassischen Gütekriterien der Forschung gehören die Objektivität, die Reliabilität und die Validität (Schnell et al. 2011, 141ff.; Bühner 2010, 58ff.; Bortz/Döring 2006, 195ff.; Diekmann 2007, 247ff.).

Objektivität

Objektivität bedeutet, die Befragung soll unabhängig vom Einfluss des Interviewers erfolgen (Anwenderunabhängigkeit). Eingehalten werden muss die Objektivität bei der Vorbereitung und Durchführung der Befragung, aber auch bei der Auswertung und Interpretation der Befragungsdaten.

Reliabilität

Unter Reliabilität kann die Genauigkeit verstanden werden, mit der ein Merkmal oder mehrere Merkmale mittels des standardisierten Erhebungsinstruments (Fragebogen) gemessen werden (Zuverlässigkeit). Eine Befragung sollte bei einer wiederholten Anwendung bei denselben Beantwortern zu gleichen Ergebnissen führen. Überprüft werden kann die Reliabilität durch einen sogenannten Reliabilitätskoeffizienten. Hierzu werden das Befragungsinstrument zu einem späteren Zeitpunkt nochmals eingesetzt, die Items des Befragungsinstruments halbiert und die Zusammenhänge der beiden Hälften berechnet oder die statistischen Zusammenhänge zwischen zwei Instrumenten mit einem ähnlichen Inhalt berechnet.

Validität

Die Validität gibt an, inwiefern eine Befragung genau das misst, was sie zu messen vorgibt. Valide ist eine Befragung dann, wenn die Befragungsergebnisse einen fehlerfreien Rückschluss auf die in der Befragung geprüften Merkmale bei den Befragten ermöglichen. Die Validität kann über den Vergleich mit Theorien, einem Außenkriterium oder vorher aufgestellten Hypothesen geprüft werden.

Gütekriterien teil- und nichtstandardisierte Befragung

Für die teil- und nichtstandardisierten Befragungen mittels Interview und Gruppendiskussion werden in der qualitativen Forschung zumeist andere Gütekriterien herangezogen. Steinke (2009) verweist beispielsweise auf a) die Indikation des Forschungsprozesses (z. B. qualitatives Vorgehen, Methoden, Transkriptionsregeln, Samplestrategie, Bewertungskriterien), b) die empirische Verankerung von

Theorien und Hypothesen (z. B. Belege, Falsifizierung, kommunikative Validierung), c) die Prüfung der Limitation der Untersuchung (z. B. Grenzen der Verallgemeinerung, Prüfung an kontrastierenden Fällen), d) die Kohärenz und Relevanz der formulierten Theorien (z. B. Bearbeitung von Widersprüchen, Relevanz der Fragestellung, Erkenntnisgewinn) sowie e) die Reflexion der eigenen Subjektivität (z. B. Selbstbeobachtung). Etwas andere Gütekriterien benennt Mayring (2010). Er hebt sechs Gütekriterien qualitativer Sozialforschung hervor, und zwar 1. eine Verfahrensdokumentation, 2. eine argumentative Interpretationsabsicherung, 3. die Nähe zum Gegenstand, 4. die Regelgeleitetheit, 5. die kommunikative Validierung und 6. die Triangulation. Erkennbar wird, dass sich die qualitativen Forschungsprojekte, und damit auch Befragungen, an bestimmten Gütekriterien orientieren müssen. Übereinstimmend wird dabei von Steinke (2009) und Mayring (2010) auf ein nachvollziehbares Vorgehen und empirisch abgesicherte und nachvollziehbare Interpretationen hingewiesen.

3.2.6 Grenzen und Kritik

Verallgemeinerbar ist, dass Befragungen nicht nur durch die Befrager selbst (z. B. Befragungsstil), sondern auch durch

a) die Befragten (z. B. Interviewbereitschaft, Antwortverweigerung, soziale Erwünschtheit),
b) das Befragungsinstrument (z. B. Frageformulierung, Antwortvorgaben),
c) die Befragungsressourcen (z. B. Personal-, Sach- und Reisekosten) und
d) die konkrete Befragungssituation (z. B. Beziehung zwischen Befrager und Befragten, Anwesenheit von Dritten) beeinflusst werden.

Sich daraus ergebende Verzerrungen sind mit einer sorgfältigen Vorbereitung und Durchführung minimierbar, jedoch nicht vollständig reduzierbar (Schnell et al. 2011, 349ff.). Darüber hinausgehende Grenzen und Kritikpunkte von Befragungen lassen sich – stark vereinfacht – an einer Gegenüberstellung von vollstandardisierten und teil- bzw. nichtstandardisierten Befragungen verdeutlichen. Sie hängen nicht zuletzt mit der Logik und den Zielen der Befragungsformen zusammen.

Grenzen vollstandardisierter Befragungen

Die Grenzen vollstandardisierter Befragungen sind vor allem darin zu sehen, dass sie bereits auf umfangreiches Vor- und Kontextwissen aufbauen müssen, den Befragten nur äußerst wenige Spielräume für Verständnisfragen und zur Verdeutlichung der eigenen Wahrnehmung und Bewertung lassen und letztlich nur einen begrenzten Ausschnitt der Lebenswelt der Befragten erfassen.

Kritik an vollstandardisierten Befragungen

Kritik an vollstandardisierten Befragungen wird vor allem von qualitativ ausgerichteten Forschern geübt und konzentriert sich vor allem auf das starre Vorgehen bei der Erhebung, die „künstliche" Standardisierung der Fragen und Antwortvorgaben, die starke Determinierung des gesamten Forschungsprozesses durch die Forscher sowie die geringe Nähe der Forscher zu den Untersuchungssubjekten und ihren Sichtweisen (Lamnek 2005, 242ff.).

Grenzen von teil- und nichtstandardisierten Befragungen

Die Grenzen von teil- und nichtstandardisierten Befragungen bestehen wiederum darin, dass solche Befragungen in der Regel nur mit einer begrenzten Anzahl an Befragten umsetzbar sind, gleichzeitig eine sehr umfangreiche Datenfülle erzeugen und nur sehr eingeschränkt Quantifizierungen in Form von Größenordnungen, Relationen und statistischen Zusammenhängen/Unterschieden zulassen.

Kritik an teil- und nichtstandardisierten Befragungen

Die Kritik an teil- und nichtstandardisierten Befragungen stammt oftmals von quantitativ ausgerichteten Forschern und bezieht sich zumeist auf einzelne Arbeitsschritte in der Auswertungsphase. Kritisiert wird beispielsweise die häufige Instrumentalisierung von Zitaten zur bloßen Illustration von Behauptungen, die Abhängigkeit der Ergebnisse von den „Interpretationsfolien" der Forscher, die mangelnde Nachvollziehbarkeit von Auswahlentscheidungen und Befunden sowie die (angeblich) mangelnde Verallgemeinerbarkeit der Forschung und Ergebnisse (Flick 2007, 488ff.).

3.2.7 Checkliste

Nachfolgend wird eine Checkliste für die Konstruktion von Fragebögen (standardisierte Befragung) und eine Checkliste für die Durchführung von leitfadengestützten Interviews (teilstandardisierte Befragung) vorgestellt. Die beiden Checklisten dienen als Orientierung und müssen in Abhängigkeit vom jeweiligen Untersuchungsgegenstand und der Fragestellung verändert werden.

Checkliste für die Konstruktion von Fragebögen

Zur Konstruktion von Fragebögen liegen inzwischen umfangreiche Erkenntnisse vor (Diekmann 2007, 479ff.; Kromrey 2009, 347ff.). Die nachfolgende Checkliste fasst wesentliche Punkte zusammen.

1. **Konstruktion des Fragebogens**
   - ❏ Entwicklung des Fragebogens im Team
   - ❏ Nutzung vorhandener Instrumente/Skalen
   - ❏ Ableitung aller Fragen aus der Fragestellung/den Hypothesen
   - ❏ Notwendigkeit aller Fragen für die Fragestellung/Hypothesen
   - ❏ Vermeidung wissenschaftlicher Begriffe in den Fragen und Antworten
   - ❏ Fragereihenfolge vom Allgemeinen zum Speziellen
   - ❏ Vermeidung von Ausstrahlungseffekten zwischen Fragen
   - ❏ Pre-Test des Fragebogens
   - ❏ angemessene Beantwortungszeit für Fragebogen

2. **Layout des Fragebogens**
   - ❏ Fragenummerierung vorhanden
   - ❏ altersgerechtes Layout
   - ❏ übersichtliches Layout
   - ❏ trennscharfe Themenblöcke
   - ❏ abwechslungsreiche Themenblöcke
   - ❏ Überleitung zwischen den Themenblöcken

3. **Aufbau des Fragebogens**
   - ❏ 1. Teil: Anschreiben mit Ziel, Auftraggeber, Nutzen, Anonymität, Instruktion, Abgabefrist, Dankeschön
   - ❏ 2. Teil: Aufwärmfragen, aber keine heiklen Fragen
   - ❏ 3. Teil: Allgemeine Fragen zum Thema
   - ❏ 4. Teil: Vertiefende Fragen zum Thema
   - ❏ 5. Teil: Soziodemografische Angaben
   - ❏ 6. Teil: ein/zwei offene Fragen zum Thema

4. **Formulierung der Fragen im Fragebogen**
   - ❏ Erkenntnisgewinn aller Fragen für Fragestellung
   - ❏ kurze Fragen
   - ❏ adressatengerechte Fragen
   - ❏ eindimensionale Fragen
   - ❏ Vermeidung von doppelter Negation
   - ❏ Vermeidung von sozial erwünschten Fragen
   - ❏ Vermeidung von Fachbegriffen und Fremdwörtern
   - ❏ Vermeidung von Reizworten
   - ❏ Vermeidung von Extremformulierungen
   - ❏ Vermeidung von Filterfragen

5. **Formulierung der Antwortvorgaben im Fragebogen**
   - ❏ Passung der Antwortvorgaben zur Frageformulierung
   - ❏ Klärung, ob Mehrfachantworten möglich sind
   - ❏ Modell der Antwortvorgaben wechselt nicht zu oft
   - ❏ Fakten statt subjektive Einschätzungen
   - ❏ erschöpfende Antwortvorgaben
   - ❏ trennscharfe Antwortvorgaben
   - ❏ symmetrische Antwortvorgaben

Checkliste für leitfadengestützte Interviews

Diese Checkliste geht über die bisherigen Ausführungen hinaus und enthält Hinweise für die Konstruktion des Leitfadens und die Durchführung von leitfadengestützten Interviews.

1. **Konstruktion des Leitfadens**
   - ❏ Vorspann enthalten (Auftraggeber und Ziel der Untersuchung, Verwertung der Interviews, ggf. Zusicherung von Anonymität, Dankeschön)
   - ❏ Hauptteil sinnvoll strukturiert (Aufwärmfragen, dann mehrere Fragekomplexe mit Fragen oder Stichworten)
   - ❏ Nachspann mit resümierenden Abschlussfragen enthalten
   - ❏ übersichtliche Darstellung und Lesbarkeit des Leitfadens
   - ❏ Leitfaden ist an Interviewpartner, die Institution und konkrete Gesprächssituation angepasst

2. **Inhalte des Leitfadens**
   - ❏ Fragen erzählanregend gestellt
   - ❏ Fragen kurz und einfach gestellt
   - ❏ geschlossene Fragen (d.h. mit ja oder nein beantwortbar) vermieden
   - ❏ Suggestivfragen vermieden

3. **Umgang mit dem Leitfaden**
   - ❏ Leitfaden lediglich als Orientierung nutzen
   - ❏ Leitfaden an Interviewpartner und Situationen anpassen
   - ❏ Gesprächspartner zuhören und erzählen lassen
   - ❏ bei Nachfragen zunächst an den Erzählungen des Gesprächspartners ansetzen
   - ❏ sensibles Nachfragen bei Widersprüchen
   - ❏ flexibler Umgang mit dem Leitfaden

3.2.8 Beispiele

Im Folgenden werden zwei Beispiele für eine Befragung vorgestellt. Das erste Beispiel stützt sich auf eine Befragung von Jugendlichen mittels Fragebogen (standardisierte Befragung) und das zweite Beispiel auf eine Befragung von Jugendlichen mittels Interviews (teilstandardisierte Befragung).

Befragung mittels Fragebogen

Seit 1953 werden in Deutschland in regelmäßigen Abständen Shell-Jugendstudien zu den Lebenssituationen, Einstellungen, Orientierungen, Sichtweisen und Erwartungen von Jugendlichen durchgeführt. Durch die regelmäßigen Befragungen liegen nicht nur aktuelle Daten, sondern auch entsprechende Trendaussagen zur Situation und den

Perspektiven der Jugendlichen in Deutschland vor. Die vorerst letzte Studie erschien 2010 unter dem Titel „16. Shell-Jugendstudie – Jugend 2010" (Shell Deutschland Holding 2010a). Sie stützt sich auf eine repräsentative Stichprobe von insgesamt 2.604 Jugendlichen in Ost- und Westdeutschland, die Anfang 2010 von Interviewern mittels eines standardisierten Fragebogens befragt wurden. Zusätzlich wurden im Rahmen einer qualitativen Vertiefungsstudie Fallstudien mit Jugendlichen durchgeführt, die hier nicht näher betrachtet werden. Die aktuelle Shell-Jugendstudie belegt unter anderem die Skepsis von Jugendlichen gegenüber Parteien, Banken und Unternehmen, eine positive Bewertung der Globalisierung, die hohe Bedeutung von Familie und Freunden, die zunehmende Bedeutung des Internets als Freizeitbeschäftigung sowie die Abhängigkeit der Lebenszufriedenheit von der sozialen Schicht (vgl. eine Interviewerfrage des Fragebogens in *Abb. 11*).

Was ist Ihrer Meinung nach bei Jugendlichen heute „in" und was ist „out"? (Interviewerhinweis: Vorgaben bitte vorlesen)	in	out
Treue	❑	❑
Karriere machen	❑	❑
sich in die Politik einmischen	❑	❑
an etwas glauben	❑	❑
toll aussehen	❑	❑
Europa	❑	❑
Aktien	❑	❑
Technik	❑	❑
sich selbständig machen	❑	❑
Markenkleidung tragen	❑	❑
Bioläden	❑	❑
Verantwortung übernehmen	❑	❑
studieren	❑	❑
heiraten	❑	❑
Drogen nehmen	❑	❑
Bürgerinitiativen	❑	❑

Abb. 11: Beispielfrage aus dem Fragebogen der 16. Shell-Jugendstudie – Jugend 2010 (Shell Deutschland Holding 2010b)

Befragung mittels Interviews

Vom Sinus-Institut wurde im Jahr 2012 eine Studie veröffentlicht, die den Anspruch hat, einen differenzierten Einblick in die jugendlichen Lebenswelten heute zu ermöglichen (Calmbach et al. 2012). Grundlage der Studie sind insgesamt 72 zweistündige qualitative Interviews. Berücksichtigt wurden bei den Interviews unter anderem Jugendliche mit unterschiedlichen Schulabschlüssen und Migrationshintergründen. Die Studie weist unter anderem auf hohe leistungsbezogene Belastungen von Jugendlichen, einen Bewältigungsoptimismus, eine Verknüpfung unterschiedlichster Werte sowie eine Ausgrenzung von Benachteiligten (vor allem von Jugendlichen aus der gesellschaftlichen Mitte) hin. Darüber hinaus macht die Studie auf unterschiedliche Lebensmilieus von Jugendlichen aufmerksam, die mit verschiedenen Befindlichkeiten, Zukunftsvorstellungen, Medienhaltungen, schulischen und beruflichen Orientierungen, gesellschaftlichen und politischen Interessen, religiösen Überzeugungen sowie Engagementhaltungen einhergehen (Calmbach et al. 2012, 39ff.). Der Studie zufolge differenzieren sich die Jugendlichen heute in 1. die familien- und heimatorientierten Bodenständigen (Konservativ-Bürgerliche), 2. die um Orientierung und Teilhabe bemühten Jugendlichen mit schwierigen Startvoraussetzungen (Prekäre), 3. die freizeit- und familienorientierte Unterschicht mit ausgeprägten Konsumwünschen (Materialistische Hedonisten), 4. die spaß- und szeneorientierten Nonkonformisten (Experimentalistische Hedonisten), 5. den leistungs- und familienorientierten modernen Mainstream mit hoher Anpassungsbereitschaft (Adaptiv-Pragmatische), 6. die erfolgs- und lifestyleorientierten Networker auf der Suche nach neuen Grenzen und (Expeditiven) sowie 7. die nachhaltigkeits- und gemeinwohlorientierten Jugendlichen (Sozialökologische).

3.2.9 Übungsaufgaben

Die nachfolgenden zwei Übungsaufgaben beziehen sich auf die Erstellung eines Fragebogens und die Durchführung eines leitfadengestützten Interviews.

Aufgabe 1 Entwickeln Sie einen kurzen Fragebogen mit fünf geschlossenen und zwei offenen Fragen zu einer Fragestellung, die Sie interessiert. Prüfen Sie anschließend mit der Checkliste, ob der Fragebogen sinnvoll aufgebaut ist und ob die Fragen und Antwortvorgaben richtig formuliert worden sind.

Führen Sie ein kurzes leitfadengestütztes Interview (20–30 Minuten) **Aufgabe 2**
zu einer Sie interessierenden Fragestellung durch und zeichnen Sie das
Interview auf. Hören Sie danach das Interview ab und prüfen Sie dabei,
ob Ihre Fragen immer geeignet waren, den Gesprächspartner zu Erzählungen zu bewegen.

3.2.10 Literaturempfehlungen

Einen guten Überblick zur Auswahl, Vorbereitung und Durchführung von qualitativen Interviews bieten:

Flick, U. (2007): Qualitative Sozialforschung. Eine Einführung, 3. Aufl. Rowohlt, Reinbek

Friebertshäuser, B., Langer, A. (2010): Interviewformen und -praxis. In: Friebertshäuser, B., Langer, A., Prengel, A. (Hrsg.): Handbuch Qualitative Forschungsmethoden in der Erziehungswissenschaft. 3. Aufl. Juventa, Weinheim, 437–455

Helfferich, C. (2011): Die Qualität qualitativer Daten: Manual für die Durchführung qualitativer Interviews. 4. Aufl. VS Verlag, Wiesbaden

Für standardisierte Befragungen kann sehr gut auf folgende Werke zurückgegriffen werden:

Schnell, R., Hill, P. B., Esser, E. (2011): Methoden der empirischen Sozialforschung. 9. Aufl. Oldenbourg, München

Moosbrugger, H., Kelava, A. (Hrsg.) (2011): Testtheorie und Fragebogenkonstruktion. 2. Aufl. Springer, Berlin

Kromrey, H. (2009): Empirische Sozialforschung. 12. Aufl. Lucius & Lucius, Stuttgart

3.3 Beobachtung

Wissenschaftliche Beobachtungen werden vor allem eingesetzt, um das soziale Handeln und die Interaktion von Personen, Gruppen und Kulturen zu beschreiben, zu verstehen und zu analysieren. Der Vorteil von wissenschaftlichen Beobachtungen besteht gegenüber Befragungen vor allem darin, dass die Handlungen und Interaktionen – jenseits von Selbsteinschätzungen – in den natürlichen, unverfälschten Lebenswelten und Realsituationen erfasst werden können. Zu klassischen Studien mit teilnehmenden Beobachtungen zählen beispielsweise die Marienthal-Studie aus den 1930er Jahren zu den Wirkungen von Arbeitslosigkeit im österreichischen Dorf Marienthal (Jahoda et al. 1975) sowie die Analysen von Goffman zur sozialen Situation psychiatrischer Patienten und anderer Insassen in totalen Institutionen (Goffman 1973).

In diesem Kapitel wird Ihnen Überblickswissen zur Planung, Durchführung und Auswertung von Beobachtungen vermittelt. Nach einer Begriffsklärung *(Kap. 3.3.1)* und einem Überblick über Theorienansätze *(Kap. 3.3.2)* wird zunächst auf unterschiedliche Formen von Beobachtungen eingegangen *(Kap. 3.3.3)*. Darauf aufbauend erfolgen Ausführungen zum methodischen Vorgehen bei Beobachtungen *(Kap. 3.3.4)*, zu Gütekriterien *(Kap. 3.3.5)* sowie zu den Grenzen und der Kritik an Beobachtungen *(Kap. 3.3.6)*. Das Kapitel schließt mit einer Checkliste für Beobachtungen bzw. zehn Geboten für die Feldforschung *(Kap. 3.3.7)*, drei Beispielen aus der Forschung *(Kap. 3.3.8)*, einer Übungsaufgabe *(Kap. 3.3.9)* und Literaturempfehlungen *(Kap. 3.3.10)* ab.

Wenn Sie dieses Kapitel durchgearbeitet haben, sollten Sie wissen,

1. was man unter einer wissenschaftlichen Beobachtung versteht,
2. auf welche Theoriebezüge, Traditionen und Erfahrungen bei einer Beobachtung zurückgegriffen werden kann,
3. welche unterschiedlichen Formen von Beobachtungen es gibt,
4. wie man Beobachtungen vorbereitet, durchführt, protokolliert und auswertet,
5. welche Gütekriterien bzw. Verhaltensregeln bei Beobachtungen beachtet werden müssen und
6. welche Grenzen und Kritik es im Hinblick auf Beobachtungen gibt.

3.3.1 Definition

Eine konsensfähige Definition zur Beobachtung als Forschungsmethode zu erhalten, ist kaum möglich.

Begriffsvielfalt statt klare Definition

Dies hat vor allem drei Gründe: Erstens bestehen sowohl zwischen Fachdisziplinen als auch innerhalb der Fachdisziplinen unterschiedliche Forschungsstrategien und damit auch Merkmale der Beobachtung (z. B. in der Psychologie häufiger hypothesenprüfende und in der Erziehungswissenschaft häufiger ethnografische Feldforschung). Zweitens gibt es unterschiedlichste Formen der Beobachtung, sodass ein einheitliches Begriffsverständnis erschwert ist (z. B. nicht-teilnehmend vs. teilnehmend; offen vs. verdeckt). Drittens existieren synonyme Begriffe zur Beobachtung bzw. unterschiedliche Forschungsstrategien, die bei einer Definition berücksichtigt werden müssten (z. B. Feldforschung, Ethnografie, ethnografische Feldforschung, ethnografische Forschung).

Definition:

Ganz allgemein kann unter einer **wissenschaftlichen Beobachtung** nach Atteslander (2003, 79) „das systematische Erfassen, Festhalten und Deuten sinnlich wahrnehmbaren Verhaltens zum Zeitpunkt seines Geschehens" verstanden werden.

Definitionen aus der Psychologie, aber zum Teil auch aus der quantitativen Unterrichtsforschung und erziehungswissenschaftlichen Forschung engen das Begriffsverständnis einer wissenschaftlichen Beobachtung deutlich weiter ein.

Sie gehen von einem hypothesenprüfenden, quantifizierenden und an den Gütekriterien der quantitativen Forschung ausgerichteten Anspruch der Beobachtung aus. Greve und Wentura (1997, 13) verstehen beispielsweise unter einer wissenschaftlichen Beobachtung im Unterschied zu einer einfachen Beobachtung:

standardisierte Beobachtung

„1. die Absicht, Annahmen zu prüfen;
 2. die systematische Selektion bestimmter Aspekte;
(Diese beiden Aspekte unterscheiden alltägliche Beobachtung von einfacher Wahrnehmung.)

 3. die beabsichtigte Auswertung der erhobenen Daten und
 4. die Kriterien der Replizierbarkeit und Objektivität.
(Diese beiden Aspekte kennzeichnen wissenschaftliche Beobachtung.)"

In eine ähnliche, standardisierende und quantifizierende Richtung geht das Verständnis von Bortz und Döring, wobei beide noch eine Unterscheidung zwischen quantifizierenden und sogenannten (!) qualitativen Beobachtungen vornehmen (Bortz/Döring 2006, 262):

„Wissenschaftliche Beobachtung verläuft standardisiert und intersubjektiv überprüfbar; sie kann quantitative Daten produzieren, die zur statistischen Hypothesenprüfung geeignet sind. Neben quantifizierenden Beobachtungsmethoden werden in den Sozialwissenschaften auch sog. qualitative Beobachtungen eingesetzt, bei denen ein interpretativer Zugang zum beobachteten Geschehen im Mittelpunkt steht. Sowohl quantitative als auch qualitative Beobachtungstechniken vermeiden den für Alltagsbeobachtungen typischen Charakter der Subjektivität und des Anekdotischen, indem sie das Vorgehen standardisieren, dokumentieren und intersubjektiv vergleichbar machen."

Neben diesem hypothesenprüfenden, standardisierten und dem Paradigma der quantitativen Forschung ausgerichteten Verständnis von Beobachtung (strukturierte Beobachtung) existieren in der erziehungswissenschaftlichen Forschung verstehensorientierte, unstandardisierte und dem

nichtstandardisierte Beobachtung

Ethnographie und ethnographische Feldforschung

Paradigma der qualitativen Forschung verpflichtete Beobachtungen (unstrukturierte Beobachtungen) und ethnografische Forschungsstrategien. Stand im deutschsprachigen Raum dabei lange Zeit die teilnehmende Beobachtung im Mittelpunkt des Interesses, setzt sich zunehmend – unter dem Einfluss der amerikanischen und englischen Diskussion (Atkinson/Hammersley 2007) – sowohl der Begriff als auch die Forschungsstrategie der Ethnografie durch (Lüders 2004, 385). In der ethnografischen Forschungsstrategie kommt der teilnehmenden Beobachtung weiterhin eine entscheidende Bedeutung zu. Friebertshäuser und Panagiotopoulou (2010, 301) verstehen unter einer ethnografischen Feldforschung beispielsweise

„eine Forschungstradition, die Menschen in ihrem Alltag untersucht, um Einblicke in ihre Lebenswelten und Lebensweisen zu gewinnen sowie ihre Sinndeutungen und Praktiken kulturanalytisch zu erschließen. Es handelt sich dabei um eine Forschungsstrategie, bei der verschiedene methodische Zugänge, auch kombiniert, eingesetzt werden können: Teilnehmende Beobachtungen, Dokumentenanalysen, Interviews, Gruppendiskussionen etc. Im Forschungsprozess werden die verschiedenen Quellen und Befunde zu einem Gesamtbild verdichtet."

Definition:
Spradley (1979, 3) hat dies in Kurzform so formuliert: „**Ethnography** is the work do describing a culture".

Merkmale der ethnographischen Feldforschung

Zentrale Merkmale der ethnografischen Feldforschung sind 1. die Fokussierung auf eine räumlich und sozial eingrenzbare Untersuchungseinheit (z.B. Person, Gruppe, Institution, Kultur) und wenige Fälle, 2. die längere Beobachtung und Teilnahme der Forscher im Feld, 3. der Einsatz einer flexiblen und verschiedene Methoden umfassenden Forschungsstrategie, 4. die Interpretation der Bedeutungen, Funktionen und Konsequenzen menschlichen Handelns und institutioneller Praktiken, um Beschreibungen, Erklärungen und Theorien zu erhalten sowie 5. eine Verschriftlichung von Befunden und Eindrücken in Form von Feldnotizen und Protokollen (Friebertshäuser/Panagiotopoulou 2010; Atkinson/Hammersley 2007, 3; Lüders 2004, 384).

3.3.2 Theorieansätze, Traditionen und Vorarbeiten

keine Theorie zur Beobachtung

Eine eigenständige Theorie zur Beobachtung liegt bis dato nicht vor. In der erziehungswissenschaftlichen Forschung wurde und wird sehr stark auf Traditionen und Vorarbeiten aus a) der quantitativen Forschung der Soziologie und Psychologie sowie b) der ethnografischen Feldforschung in der Ethnologie, der Kulturanthropologie und der Soziologie zurückgegriffen. Aus der quantitativen Forschung liegen seit längerem Erkenntnisse zur Konkretisierung von Fragestellungen und Hypothesen (Begriffsbildung, Operationalisierung, Messung) sowie zur Sicherstellung von Gütekriterien bei besonders strukturierten Beobachtungen vor (Objektivität, Reliabilität, Validität). Hierauf wird vor allem bei strukturierten Beobachtungen zurückgegriffen (Schnell et al. 2011; Bortz/Döring 2006; Greve/Wentura 1997). Aus der ethnografischen Feldforschung sind vor allem die frühen Entdeckungsreisen und Berichte zu fremden Kulturen sowie die amerikanischen Studien – insbesondere der Chicagoer Schule – aus den 1920er Jahren zur Beschreibung von (Sub-)Kulturen in Großstädten von Bedeutung (Thole 2010; Friebertshäuser/Panagiotopoulou 2010; Atkinson/Hammersley 2007; Lüders 2004; Spradley 1980).

In der Erziehungswissenschaft hat Zinnecker Mitte der 1990er Jahren für eine pädagogische Ethnografie und eine ethnografisch ausgerichtete Lehrerbildung in Deutschland plädiert und dies folgendermaßen begründet (Zinnecker 1995, 21):

pädagogische Ethnografie

„Wir sehen Schulkinder im Fadenkreuz didaktischer Modelle, spezifischer Handlungsprobleme des Lehrpersonals, eingefangen mit den Mitteln einer Variablenwissenschaft. Wenig geklärt werden kindliche Subjektivität, alltägliche Handlungsroutinen, situative, szenische Interaktionen, alltägliche Wissensbestände und Bewältigungsstrategien, kulturelle Praxen und Traditionen von Schülern und Schülerinnen."

Thole (2010) entkräftet die Kritik, indem er nachweist, dass ethnografische Ansätze, die sich stark auf die Methode der teilnehmenden Beobachtung stützen, seit der Herausbildung der Erziehungswissenschaft eine tragende Säule der erziehungswissenschaftlichen Forschung sind (z. B. Jugendstudien, Studien zu jugendlichen Lebenswelten, Beobachtungsstudien in pädagogischen Einrichtungen). Nach Thole (2010) besteht das Kernproblem hingegen vor allem darin, dass in der erziehungs-, bildungs- und sozialwissenschaftlichen Forschung Vorbehalte gegenüber der Ethnografie und den über diese Methode gewonnenen Befunden bestehen.

Eine relativ breite Anwendung hat die teilnehmende Beobachtung inzwischen in der erziehungswissenschaftlichen Forschung von Unterricht, Schülerleben und Schule gefunden (Boer/Reh 2012; Breidenstein 2006; Seidel et al. 2006; Krappmann/Oswald 1995a/1995b).

teilnehmende Beobachtung

Darüber hinaus wird sie unter anderem in der Jugendforschung (Zinnecker 2000 a/2000 b/1995), in der sozialpädagogischen Institutionen- und Adressatenforschung (Cloos et al. 2007) sowie in der Elementarforschung (Schäfer/Staege 2010) eingesetzt. In den letzten Jahren sind zahlreiche Studien und Fachbücher zur ethnografischen Feldforschung erschienen, die einen deutlichen Beitrag zur Weiterentwicklung der Methodologie der teilnehmenden Beobachtung und Ethnografie leisten (Friebertshäuser et al. 2012; Heinzel et al. 2010; Hünersdorf et al. 2008; Cloos/Thole 2006).

3.3.3 Formen

naive vs. wissenschaftliche Beobachtung

Beobachtungen finden in verschiedenen Formen statt: Grundsätzlich unterschieden werden können zum einen die naive Beobachtung im Alltag und die wissenschaftliche Beobachtung. Eine wissenschaftliche Beobachtung zeichnet sich gegenüber einer naiven (alltäglichen) Beobachtung durch a) ein zielgerichtetes, systematisches und fokussiertes Vorgehen, b) eine Dokumentation der Befunde sowie c) eine regelgeleitete, intersubjektiv nachvollziehbare Auswertung aus.

Selbstbeobachtung vs. Fremdbeobachtung

Darüber hinaus lassen sich die Selbstbeobachtung (z. B. in der Introspektion oder der Psychoanalyse) und Fremdbeobachtung (Schwerpunkt der wissenschaftlichen Beobachtung) unterscheiden; beide werden hier allerdings nicht weiter vertieft. Im Folgenden wird auf die wissenschaftliche Beobachtung eingegangen.

Formen von wissenschaftlichen Beobachtungen

Wissenschaftliche Beobachtungen sind – wie die *Tabelle 2* veranschaulicht – differenzierbar hinsichtlich a) der Strukturierung der Beobachtung, b) der Transparenz gegenüber den Beobachteten, c) der Rolle der Beobachter sowie d) der Natürlichkeit der Beobachtungssituation (Schnell et al. 2011, 382ff.; Lamnek 2005, 564ff.; Atteslander 2003, 94ff.).

Tab. 2: Formen der wissenschaftlichen Beobachtung

Differenzierung	Formen der wissenschaftlichen Beobachtung	
a) Strukturierung	unstrukturiert	strukturiert
b) Transparenz	offen	verdeckt
c) Beobachterrolle	teilnehmend	nicht teilnehmend
d) Natürlichkeit	Feldbeobachtung	Laborbeobachtung

a) Die Strukturierung – mitunter auch Standardisierung genannt – bezieht sich auf die Wahrnehmung und Dokumentation der Beobachtung. In der strukturierten Beobachtung orientieren sich die Forscher an einer Fragestellung und beobachtungsleitenden Hypothesen sowie einem vorab definierten Beobachtungsschema mit zugehörigen Beobachtungskategorien und -indikatoren. Von Interesse sind Häufigkeiten und Verteilungen. Bei einer strukturierten Beobachtung müssen dem Forscher bereits präzise Informationen zum Untersuchungsfeld und den „richtigen" Beobachtungskategorien und -indikatoren vorliegen. In der unstrukturierten Beobachtung, wie sie auch in der ethnografischen Feldforschung präferiert wird, gehen die Forscher zwar mit einer Fragestellung, jedoch sehr offen, d. h. ohne Hypothesen, Beobachtungsschema, Beobachtungskategorien und -indikatoren an das Untersuchungsfeld heran. In der Fachdiskussion wird zum Teil die Objektivität und Reliabilität solcher unstrukturierten Beobachtungen kritisch beurteilt; im Fokus der Beobachtung steht jedoch das Verständnis für die Eigenart, Prozesse und Akteure des Untersuchungsfeldes. Beobachtungen in der erziehungswissenschaftlichen Forschung finden sowohl in strukturierter als auch unstrukturierter Form statt.

Strukturierung der Beobachtung

b) Die Transparenz bezieht sich auf die Information des Beobachteten über die Beobachtung. In der offenen Beobachtung wissen die Beobachteten, dass sie beobachtet werden. Die Forscher legen also ihre Rolle offen und verringern dadurch ethisch problematische Täuschungen gegenüber den Beobachteten, intrapersonelle Rollenkonflikte sowie eine Enttarnung der eigenen Person. Nicht immer erfolgt jedoch vorab eine ins Detail gehende Aufklärung über die konkreten Untersuchungsziele, um den Untersuchungszweck nicht zu gefährden (z. B. Analyse der Professionalität von Pädagogen). In den meisten Fällen tritt – zumindest wenn die Beobachter ihre Rolle und die Notwendigkeit des Protokollierens offengelegt haben und Aushandlungsprozesse zu ihrer Rolle führen – bei den Beobachteten kurze Zeit nach dem Beobachtungsbeginn ein Gewöhnungseffekt an die Beobachtung und die Beobachter ein. Etwaige Störungen durch die Anwesenheit der Forscher erlauben zudem einen Einblick in die Alltagsroutinen (Krappmann/Oswald 1995 b, 43ff.).

Transparenz der Beobachtung

In der verdeckten Beobachtung erhalten die Beobachteten keine Information über die Beobachtung, um sie in ihrem natürlichen Verhalten zu erleben. Da ein solches methodisches Vorgehen forschungsethisch problematisch ist und zudem potenziell mit Täu-

ethische Probleme verdeckter Beobachtungen

schungen, Rollenkonflikten sowie einer Enttarnung einhergeht, sollte die verdeckte Beobachtung ein gut begründeter Ausnahmefall sein. Die erziehungswissenschaftliche Forschung findet zumeist mit Information der Beobachteten statt (offene Beobachtung). Bei Schülerinnen und Schülern, die das 14. Lebensjahr noch nicht vollendet haben, ist in vielen Bundesländern eine Zustimmung der Erziehungsberechtigten erforderlich.

Rolle der Beobachter c) Die Rolle bezieht sich auf den Interaktions- und Partizipationsgrad der Beobachter. In einer teilnehmenden Beobachtung, die typisch für die ethnografische Feldforschung ist, bewegt sich der Forscher im natürlichen Feld, hat intensiven Kontakt zu den Untersuchungspersonen und übernimmt eine aktive Teilnehmerrolle. Durch die aktive Teilnahme und Rollenübernahme wird der Forscher zum Bestandteil des Feldes. Gleichzeitig wird das Feld beeinflusst.

Going Native Im ungünstigsten Fall besteht die Gefahr, dass sich der Forscher mit der untersuchten Gruppe vollständig identifiziert, die eigenen Werte und Normen aufgibt und die wissenschaftliche Beobachtung verzerrt werden (Going Native). Bei der nicht-teilnehmenden Beobachtung erfolgt die Beobachtung durch den Forscher aus einer Außenperspektive heraus und ohne engere Kontakte zu den Beobachteten. Der Forscher kann sich auf seine Beobachterrolle konzentrieren und beeinflusst das Feld dadurch zumeist nicht.

Ethnozentrismus Allerdings ist die Nähe zum Feld sowie zu den Akteuren und Situationen deutlich geringer. Dadurch besteht die Gefahr, dass dem Forscher die untersuchte Gruppe fremd bleibt und aus der Lebenswelt des Forschers betrachtet und beurteilt wird (Ethnozentrismus). In der erziehungswissenschaftlichen Forschung wird vielfach eine teilnehmende Beobachtung eingesetzt, wobei der konkrete Partizipationsgrad von Studie zu Studie unterschiedlich ausfällt (aktiv bis passiv).

Natürlichkeit der Beobachtungssituation d) Bei der Natürlichkeit der Situation geht es um die Frage des Untersuchungsortes. Feldbeobachtungen, die typisch für die ethnografische Feldforschung sind, finden im natürlichen Setting der Beobachteten ohne gezielte Veränderung der dortigen Feldbedingungen statt (z. B. Reha-Einrichtung, Volkshochschule, Schulklasse), während Laborbeobachtungen ist einem künstlich geschaffenen Setting mit einer Standardisierung der Rahmenbedingungen durchgeführt werden (z. B. Laboreinrichtung der Universität). Die erziehungswissenschaftliche Forschung greift fast immer auf Feldbeobachtungen zurück.

3.3.4 Methodisches Vorgehen und Protokollierung

Das methodische Vorgehen und die Protokollierung bei einer Beobachtung unterscheiden sich vor allem danach, ob eine strukturierte oder unstrukturierte Beobachtung zum Einsatz kommt. Im Folgenden wird zunächst auf das Vorgehen und danach auf die Protokollierung eingegangen.

Methodisches Vorgehen bei einer Beobachtung

Das methodische Vorgehen bei einer strukturierten und unstrukturierten Beobachtung weicht deutlich voneinander ab:

a) Bei einer strukturierten Beobachtung wird sich in der Regel am Verfahren einer strukturierenden Inhaltsanalyse orientiert, wobei der Entwicklung des Kategoriensystems eine hohe Bedeutung zukommt (Pauli 2012; Seidel 2003; Bos/Tarnai 1999): In einem ersten Schritt (Theorie) werden auf der Basis des Standes der Theorie und Forschung ein *Theoriekonzept* ausgewählt, die Forschungsfragen entwickelt und die Hypothesen für die Beobachtung formuliert.

Vorgehen strukturierte Beobachtung

Im zweiten Schritt (Kategoriensystem und Beobachtungsinstrumente) erfolgt die Entwicklung des *Kategoriensystems* und der Beobachtungsinstrumente. Hierzu gehört im Einzelnen, dass 1. die Analyseeinheiten und die Quantifizierungsmethode festgelegt, 2. das Kategoriensystem theorie- und ggf. datengestützt entwickelt und mit Indikatoren konkretisiert, 3. eine Anleitung für Beobachter im Umgang mit dem Kategoriensystem formuliert und 4. eine handhabbare Form der Protokollierung entwickelt und vereinbart wird. Im dritten Schritt (Beobachterschulung und Vortest) müssen die *Beobachter geschult und ein Vortest* durchgeführt werden. Über den Vortest wird vor allem geprüft, ob das Kategoriensystem und die Beobachtungsinstrumente für die Beobachtung im Untersuchungsfeld geeignet sind und, ob die Beobachter – im Sinne einer hohen Beobachterübereinstimmung (Interrater-Reliabilität) – zu weitgehend ähnlichen Zuordnungen kommen. Als akzeptabel bis ausgezeichnet wird in der Fachliteratur eine Interrater-Reliabilität von größer 0,7 bewertet (Cohens Kappa; *vgl. Kap. 3.5*) (Greve/Wentura 1997, 111). Im vierten Schritt (Codierung) erfolgt die eigentliche *Codierung* im Untersuchungsfeld. Bei großen Stichproben oder länger andauernden Codierungen kann es zwischenzeitlich nochmals sinnvoll sein, die Interrater-Reliabilität zu prüfen. Im letzten, fünften Schritt (Datenanalyse und -interpretation) geht es um die statistische *Analyse der Daten sowie die Interpretation* und Diskussion der Ergebnisse vor dem Hintergrund der theoretischen Vorüberlegungen und der Fragestellung.

Vorgehen unstrukturierte Beobachtung

b) Für eine unstrukturierte Beobachtung gibt es durch die Vielfalt an Beobachtungsformen und -orten, die Gleichzeitigkeit von Arbeitsschritten während einer Beobachtung, die bewusste Offenheit und Flexibilität des methodischen Zugangs sowie die Zirkularität des qualitativen Forschungsprozesses kein einheitliches, standardisiertes und lineares Vorgehen.

zirkulärer Forschungsprozess in ethnografischen Projekten

Spradley (1980, 28f.) beschreibt für ethnografische Forschungsprojekte daher einen zirkulären Kreislauf, der sechs Phasen enthält: 1. Auswahl des ethnografischen Projektes, 2. Stellen von ethnografischen Fragen, 3. Sammlung von ethnografischen Daten, 4. Anfertigung von ethnographischen Aufzeichnungen, 5. Analyse der ethnografischen Daten, 6. Schreiben einer Ethnografie. Nach dem 5. (ggf. auch nach dem 6. Schritt) beginnt der weitere Kreislauf wieder mit dem Stellen von ethnografischen Fragen (Schritt 2). Mayring (2002, 83) hat für die teilnehmende Beobachtung folgenden Ablaufplan entwickelt: 1. Bestimmung der Beobachtungsdimensionen und Erstellung des Beobachtungsleitfadens, 2. Herstellen des Kontakts zum Untersuchungsfeld. 3. Handeln im Feld und teilnehmende Beobachtung, 4. Feldnotizen und Beobachtungsprotokolle und 5. Schlussauswertung (ähnlich auch Atteslander 2003, 118ff.).

Phasen von Beobachtungen und Verhaltensregeln

Weinberg und Williams (1973) betonen für die Beobachtung im engeren Sinne, d.h. das Herstellen des Kontakts zum Untersuchungsfeld und die anschließende Sammlung von Daten durch die teilnehmende Beobachtung, fünf unterschiedliche Phasen, in denen jeweils bestimmte Verhaltensregeln zu beachten sind: 1. In der Annäherungsphase, in welcher der Beobachter von den Beobachteten als Eindringling wahrgenommen wird, sollte der Beobachter keine falschen Versprechen geben und offen gegenüber unkonventionellen Ansichten sein. 2. In der Orientierungsphase gilt der Beobachter bei den Beobachteten als Neuling. Die Beobachtungen und Notizen aus dieser Phase sollten nach Weinberg und Williams (1973) später kritisch beurteilt werden, da die ersten Eindrücke täuschen können. 3. In der Initiationsphase sollte sich der Beobachter durch die Prüflingsrolle, in die er gerät, nicht unsicher machen lassen, da Fremde in Gruppen üblicherweise getestet werden. 4. In der Assimilationsphase, in der quasi der Status eines Mitglieds erworben wird, sollte der Beobachter seinen

Auftrag nicht vernachlässigen und nicht erwarten, von den beobachteten Personen akzeptiert zu werden. 5. In der Abschlussphase, in der der Beobachter unter Umständen als Deserteur wahrgenommen wird, sollten der Abgang aus dem Feld sowie ggf. eine Rückkehr vorbereitet werden.

Anschließend an diese Phasenmodelle können Fragen formuliert werden, denen sich ein Beobachter in einer wissenschaftlichen Beobachtung stellen muss:

Fragen für Beobachtungen

1. Was soll, mit welcher Fragestellung, welchem Erkenntnisinteresse, welchen Methoden und zu welchem Zeitpunkt beobachtet werden?
2. Wie kann ein Zugang zum interessierten Personenkreis (Personen, Gruppen, Kulturen) oder zur Institution hergestellt werden?
3. Was sind relevante Gruppen, Personen sowie Abläufe und Situationen, die für ein Verständnis beobachtet werden sollten?
4. Wie kann das Verhältnis zwischen dem Beobachter und den Beobachteten gestaltet werden und welche Beobachterrolle soll eingenommen werden?
5. Was soll wie und mit welchen konkreten Beobachtungsinstrumenten aufgezeichnet werden (z. B. Feldtagebuch, Interviewaufnahmen, Videoaufnahmen, Feldnotizen, Protokolle etc.)?
6. Wie kann der Rückzug aus dem Untersuchungsfeld und vom beobachteten Personenkreis vorbereitet werden?
7. Wie können die Aufzeichnungen und das weitere Datenmaterial – auch während der Feldphase – analysiert und für einen ethnografischen Bericht aufbereitet werden?

Protokollierung der Beobachtungen

Die Protokollierung der Beobachtung hat eine entscheidende Bedeutung für die späteren Auswertungsmöglichkeiten und vor allem die Tiefe der Auswertung. Unterschieden werden muss zwischen der Protokollierung von strukturierten und unstrukturierten Beobachtungen.

Für die Protokollierung von strukturierten Beobachtungen wird zunächst ein Beobachtungsraster benötigt, das die zu beobachtenden Dimensionen sowie entsprechende Indikatoren und mögliche Ausprägungen enthält. Auf der Basis des Beobachtungsrasters wird ein Beobachtungsbogen erstellt, der während der Beobachtung als eigentliches Instrument zur Protokollierung dient.

Protokollierung von strukturierten Beobachtungen

Der Beobachtungsbogen setzt sich aus zwei Teilen zusammen: 1. Im oberen Teil des Beobachtungsbogens (Kopfteil) werden in knapper Form Rahmendaten zur Beobachtung notiert. Hierzu gehören z. B. Angaben zum Ort, zum Datum und zur Uhrzeit, zum räumlichen Rahmen, zum Themenschwerpunkt, zu den Teilnehmenden sowie zum Anlass der Beobachtung und zum Namen des Beobachters. Der obere Teil kann darüber hinaus auch eine grafische Darstellung über die Beobachtungssituation enthalten, um die Nachvollziehbarkeit der Beobachtungssituation zu erleichtern.

2. Im übrigen, unteren Teil des Beobachtungsbogens (Beobachtungsteil) werden die eigentlichen Beobachtungen dokumentiert. In der Forschungspraxis wird hier meist eine aus drei Spalten bestehende Tabelle eingesetzt. In der 1. Spalte sind die Beobachtungsdimensionen ggf. mit konkreten Indikatoren aufgeführt. In der 2. Spalte wird vom Forscher entweder die Häufigkeit des beobachteten Indikators fortlaufend über Striche notiert (z. B. Zwischenrufe: IIII) oder eine Einschätzung einer Aktivität anhand von einer begrenzten Anzahl von vorgegebenen Merkmalsausprägungen vorgenommen (z. B. Zwischenrufe: sehr selten). In der letzten Spalte sind persönliche Anmerkungen möglich.

Ein solcher Beobachtungsbogen eignet sich vor allem dann, wenn eine Hypothese anhand von bestimmten Dimensionen und Indikatoren überprüft werden soll, bereits differenziertes Vorwissen zum Forschungsfeld vorliegt und sich die beobachteten Situationen quantifizieren lassen. Anhand der Beobachtungen sind dann Antworten auf die Fragestellung möglich.

Protokollierung von unstrukturierten Beobachtungen

Für die Protokollierung von unstrukturierten Beobachtungen gibt es zahlreiche Instrumente, von denen vier besonders häufig eingesetzt werden, und zwar: 1. das Führen eines Feldtagebuches, 2. die audiovisuelle Aufzeichnung der Beobachtung, 3. die Erstellung von Feldnotizen sowie 4. die Erstellung der eigentlichen Beobachtungsprotokolle (Breidenstein 2006; Friebertshäuser/Panagiotopoulou 2010; Lüders 2004; Girtler 2001):

Feldtagebuch

1) Ein Feldtagebuch bietet dem Forscher – in ähnlicher Weise wie ein klassisches Tagebuch – die Möglichkeit, persönliche Gedanken, Eindrücke und Gefühle sowie wahrgenommene Auffälligkeiten zu verschriftlichen und diese Erfahrungen zu reflektieren. In das Feldtagebuch können darüber hinaus Kontaktdaten von Ansprechpartnern, Termine mit Gesprächspartnern und der gesamte Verlauf der Beobachtungen dokumentiert werden (Girtler 2001, 133). Schließlich kön-

nen im Feldtagebuch auch sogenannte Memos (Merkzettel) aufgeführt werden, die a) Fragen zum Feld, b) konzeptionelle und theoretische Überlegungen, c) erste Interpretationsideen und -skizzen sowie d) Planungen für das weitere Vorgehen und die kommenden Erhebungen und Auswertungen enthalten. Das Feldtagebuch dient insofern einer Verlaufsdokumentation, einer Orientierung im Vorgehen und einer laufenden Reflexion und Interpretation.

2) Für die spätere Auswertung kann es mitunter hilfreich sein, wenn die Beobachtungssituationen später als akustische und/oder visuelle Daten vorliegen (z. B. mittels Smartphone, Aufnahmegerät, MP3-Player, Kamera). Auf diese Weise können beobachtete Situationen mehrfach betrachtet, aus unterschiedlichen Perspektiven analysiert und Feinanalysen im Forschungsteams in einem handlungsentlastenden Setting durchgeführt werden. Der Einsatz von technischen Hilfsmitteln zur audiovisuellen Aufzeichnung der Beobachtungen ist jedoch genau zu prüfen, da – besonders in heiklen Untersuchungsfeldern – die Beantwortung der Fragestellung, der Feldzugang und die Beobachtung erschwert, das Feld und die Akteure beeinflusst und die persönlichen Gefühle und Eindrücke des Beobachters vernachlässigt werden könnten. **audiovisuelle Aufzeichnungen**

3) Die eigentlichen Beobachtungen werden in der Regel mittels handschriftlicher Feldnotizen dokumentiert. Alternativ werden die Feldnotizen bereits im Feld über ein Notebook verschriftlicht oder über ein digitales Aufnahmegerät aufgezeichnet. Die handschriftlichen Feldnotizen erfolgen in der Forschungspraxis entweder gänzlich in freier Form oder über eine einheitliche Struktur. Notiert werden in den Feldnotizen (Lamnek 2005; Girtler 2001, 134ff; Friebertshäuser/Panagiotopoulou 2010): **Feldnotizen**

- wesentliche Rahmendaten zur Beobachtung (z. B. Situation, Schwerpunkt, Ort, Datum, Uhrzeit, räumlicher Rahmen, TeilnehmerInnen sowie Anlass der Beobachtung);
- die Aktivitäten, Interaktionen und Kommunikation im Untersuchungsfeld (inklusive der Handlungen, Strategien, Zitate, Reaktionen, Ergebnisse, Hierarchien, Regeln, Normen, Auslöser, Einflussfaktoren, Regelmäßigkeiten, Widersprüche zwischen Äußerungen und Verhalten) sowie
- persönliche Wahrnehmungen und Interpretationen des Forschers (z. B. Eindrücke, Gefühle, Gedanken, Irritationen, Rolle, Bewertungen, theoretische Einordnungen, Fragen)

Es empfiehlt sich, möglichst detaillierte Feldnotizen mit Beschreibungen der Situationen, unterschiedlichen Perspektiven und wörtlichen Äußerungen anzufertigen, um darauf aufbauend später „dichte" Beobachtungsprotokolle erstellen zu können. Im Zeitverlauf wandelt sich der Wahrnehmungsfokus von einer beschreibenden Beobachtung, über eine fokussierte Beobachtung zu einer selektiven Beobachtung (Spradley 1980, 34). Sinnvoll erscheint es, die Feldnotizen bei unstrukturierten Beobachtungen möglichst sofort im Feld oder – wenn dies nicht möglich sein sollte – kurze Zeit nach der Beobachtung zu notieren. Eine zeitnahe Anfertigung der Feldnotizen trägt dazu bei, anfängliche Irritationen des Forschers zu dokumentieren, spätere Erinnerungsverluste und Verzerrungen (z. B. von Dialogen oder Handlungen) zu vermeiden und zu dichten Beschreibungen vom Feld zu gelangen.

Beobachtungsprotokoll

4) Aufbauend auf die handschriftlichen Feldnotizen werden – ebenfalls aus den genannten Gründen möglichst zeitnah – ausführliche Beobachtungsprotokolle erstellt. Die Beobachtungsprotokolle sollten eine „dichte Beschreibung" (Geertz 2003) der beobachteten Situationen beinhalten. Hierzu gehören nicht nur die beobachteten Aktivitäten, Interaktionen und Äußerungen selbst, sondern auch der kulturelle Kontext der beobachteten Situationen. Berücksichtigt werden muss, dass die Protokolle selbst keine Eins-zu-eins-Wiedergabe der beobachteten Situationen, sondern auch Konstruktionen der Forscher sind (Lüders 2004, 396).

Das Feldtagebuch, die Aufzeichnungen der Beobachtungen, die Feldnotizen, die Beobachtungsprotokolle sowie gegebenenfalls weitere Datenquellen (Statistiken, Materialien) dienen der Protokollierung der Beobachtungen. Sie werden fortlaufend ergänzt und analysiert, um den Fokus für die nächste Beobachtungsphase bestimmen zu können und zu einem abschließenden Bericht zu gelangen (Spradley 1980, 34).

3.3.5 Gütekriterien

Die Gütekriterien der Beobachtung hängen von der jeweiligen Form der Beobachtung ab (z. B. strukturiert oder unstrukturiert).

objektiv – reliabel – valide

Ein wesentliches Ziel von strukturierten Beobachtungen besteht darin, Hypothesen zu prüfen, indem Beobachtungen zu entsprechenden Beobachtungskategorien und -indikatoren zugeordnet und darauf aufbauend ggf. statistische Berechnungen durchgeführt werden. Im Sinne der klassischen Gütekriterien der quantitativen Forschung ist es daher wichtig, dass die vorgenommenen Zuordnungen zu den Beobachtungskategorien und -indikatoren möglichst objektiv (unabhängig vom Beobachter) und reliabel (zuverlässig) sowie valide (gültig) sind. Der Fokus in der Forschung liegt zumeist auf einer Gewährleistung der Objektivität und Reliabilität (Bortz/Döring 2006, 277), die allerdings nicht sicherstellen können, dass durch die Beobachter sowie die Beobachtungskategorien und -indikatoren tatsächlich das Untersuchungsfeld angemessen abgebildet wird (Greve/Wentura 1997, 96ff.).

Die Gütekriterien der Objektivität und Reliabilität können durch a) eine Verständlichkeit, Trennschärfe und Kürze der zugrundeliegenden Beobachtungskategorien und -indikatoren, b) eine Schulung der Beobachter zum theoretischen Konzept und den Beobachtungskategorien und -indikatoren, c) den Einsatz von unabhängigen und mindestens zwei Beobachtern und d) die Aufzeichnungen der Beobachtung durch technische Hilfsmittel (z. B. Videokamera, Camcorder) gewährleistet werden. Mittels der Interrater-Reliabilität kann bereits in einem Pretest (Vortest) geprüft werden, wie stark die Beobachter (= Rater) in ihren Beobachtungen und Zuordnungen übereinstimmen. Sollte eine geringe Interrater-Reliabilität (Cohens Kappa kleiner als 0,7) vorliegen, ist – wie oben erläutert – die Beobachtung von den Beobachtern (Ratern) abhängig (Greve/Wentura 1997, 111). In diesem Fall ist eine Fehlersuche anhand der Zuordnungen sowie eine Überarbeitung der Beobachtungskategorien und -indikatoren und/oder eine Beobachterschulung und -abstimmung notwendig.

Objektivität und Reliabilität

Mit Blick auf unstrukturierte Beobachtungen werden Gütekriterien eher selten thematisiert. Im Vordergrund der methodischen Diskussion stehen zum einen die Merkmale von teilnehmenden Beobachtungen bzw. der ethnografischen Feldforschung. Zum anderen werden Verhaltensregeln für eine gelingende Beobachtung formuliert (z. B. zum Feldzugang, zur eigentlichen Feldphase, zur Beobachterrolle sowie zur Verschriftlichung der Beobachtungen). Girtler hat beispielsweise zehn Gebote der Feldforschung entwickelt (2001, 184f.), auf die Forscher bei Beobachtungen im Feld zurückgreifen können. Lamnek (2005, 599) formuliert ausführliche Verhaltensregeln für a) den Feldzugang (z. B. Bemühung um Einverständnis des sozialen Feldes, Respekt und Einfühlungsvermögen, Suche nach Schlüsselpersonen, Offenlegung der Forschungsabsicht, Toleranz gegenüber den Beobachteten), b) die teilnehmende Beobachtung im Feld (z. B. Erhöhung der eigenen Akzeptanz im Feld, wenig Störungen des Feldes, flexibler Umgang mit Erwartungen) sowie c) die Aufzeichnung von Beobachtungen (z. B. zeitnahe Aufzeichnung, ausführliche Protokolle).

Merkmale und Verhaltensregeln für teilnehmende Beobachtungen

Rolle: unsichtbar durch Sichtbarkeit

Weitere Verhaltensregeln beziehen sich auf die Rolle der Forscher im Feld. Krappmann und Oswald (1995 b) plädieren hier für die Leitlinie „Unsichtbar durch Sichtbarkeit". Statt sich – wie mitunter empfohlen – im Forschungsfeld unauffällig zu verhalten oder sich zu tarnen, sollten Forscher dennoch ihre Beobachterrolle und die Protokollierung im Feld offenlegen und einer Interaktion mit den Beobachteten nicht ausweichen. Auf diese Weise könnte die Beobachtung letztlich weniger sichtbar sein.

Einnahme eines fremden Blicks

Breidenstein (2012, 30) hebt als ein wichtiges Merkmal ethnografischer Forschung die Einnahme eines fremden Blicks hervor – auch und gerade gegenüber dem scheinbar Bekannten und Selbstverständlichen.

Minimalstandards einer ethnographischen Beobachtung

Als Minimalstandards einer ethnografischen Beobachtung benennt Breidenstein in diesem Zusammenhang (2012, 42): a) die Einnahme einer handlungsentlasteten und längerdauernden Beobachterrolle im Feld, b) die ausführliche und detaillierte Verschriftlichung der Beobachtungen, c) die zunehmende Fokussierung und Verdichtung der Beobachtungen sowie schließlich d) den reflexiv-analytischen Umgang mit eigenen Beobachtungsprotokollen und Beschreibungen (auch Lüders 2004, 384; Friebertshäuser/Panagiotopoulou 2010).

Zusammenfassend wird deutlich, dass sich strukturierte Beobachtungen und deren Ergebnisse sehr stark an den klassischen Gütekriterien der quantitativen Forschung (Objektivität, Reliabilität und Validität) orientieren. Bei unstrukturierten Beobachtungen steht hingegen vor allem der authentische Einblick in das Beobachtungsfeld und die Verschriftlichung der Beobachtungen im Mittelpunkt des Forschungsinteresses. Qualitativ abgesichert werden kann dies über die Einhaltung spezifischer Verhaltensregeln (z. B. beim Feldzugang, der Feldphase, der Beobachterrolle und bei der Verschriftlichung der Beobachtungen).

3.3.6 Grenzen und Kritik

Wissenschaftliche Beobachtungen verfügen – wie die anderer Forschungsmethoden auch – über spezifische Probleme in der praktischen Umsetzung (Lamnek 2005; Atteslander 2003, 113ff.).

Beobachtungsfehler

Aus der Psychologie ist vor allem mit Blick auf strukturierte Beobachtungen eine Vielzahl an 1. Fehlern zulasten der Beobachter (z. B. Wahrnehmungs-, Interpretations-, Erinnerungs- und Wiedergabefehlern), 2. Fehlern zulasten der Beobachtung (z. B. Erwartungseffekte, Beobachtungsbedingungen) und 3. Fehlern zulasten äußerer Bedingungen bekannt (z. B. Lichtverhältnisse, Geräusche, schlechte Aufnahmequalität) (Greve/Wentura 1997, 56ff.). So liegen beispielsweise Erkenntnisse dazu vor, dass a) bei einer Beobachtung von bekannten Eigenschaften unzulässigerweise auf weitere Eigenschaften einer Person geschlossen wird (Halo-Effekt), b) der erste und letzte Beobachtungseindruck das Beobachtungsurteil besonders stark beeinflussen (Primacy- und Recency-Effekt) und c) Teilnehmer einer Studie ihr Verhalten ändern, wenn sie an einer Studie teilnehmen und beobachtet werden (Hawthorne-Effekt).

Nachfolgend soll auf weitere, ausgewählte Grenzen und Kritikpunkte zur wissenschaftlichen Beobachtung eingegangen werden, die besonders für die unstrukturierte Beobachtung diskutiert werden.

Ein Problem von wissenschaftlichen Beobachtungen besteht in der Selektivität von Wahrnehmungen (Atteslander 2003, 114). So werden die Beobachtungen der Forscher durch inhaltliche Schwerpunkte (z. B. Fokus auf Fragestellung), methodische Grenzen (z. B. Fokus auf Beobachtbares) und zeitliche Ressourcen (z. B. die Dauer der Beobachtungen), aber auch durch persönliche Vorerfahrungen, Einstellungen und Erwartungen (z. B. zum pädagogischen Handeln) sowie Leistungen der Sinnesorgane (z. B. Hörleistung, Aufnahmekapazität) beeinflusst. Die Selektivität von Wahrnehmungen kann dazu führen, dass Details und Selbstverständliches übersehen (Selektionsfehler) und Beobachtungen einseitig protokolliert und interpretiert werden (Verzerrungsfehler). Die Selektivität der Wahrnehmungen kann durch ein ungünstig gewähltes Befragtensample weiter verstärkt werden (z. B. Schlüsselpersonen auf der Leitungsebene).

Selektivität von Wahrnehmungen

Ein weiteres, zentrales Problem der wissenschaftlichen Beobachtung sieht Lamnek (2005, 532ff.) im Dilemma von Identifikation und Distanz. Gemeint ist damit, dass ein Forscher sowohl eine Identifikation als auch Distanz zur untersuchten Wirklichkeit braucht und dabei an Grenzen stößt: „Bei voller Identifikation gibt es keine Distanz und vice versa" (Lamnek 2005, 637). In der strukturierten Beobachtung besteht durch die fokussierte Beobachtung ein hohes Risiko für eine Fremdheit gegenüber der beobachteten Lebenswelt und eine Beurteilung des Feldes aus der eigenen Lebenswelt heraus (Ethnozentrismus). Die unstrukturierte Beobachtung wiederum kann das Risiko haben, dass der Forscher die Sichtweisen des Feldes unhinterfragt übernimmt (Going Native).

Dilemma von Identifikation und Distanz

In Studien, die sich auf wissenschaftliche Beobachtungen stützen, ist schließlich eine Vielzahl an forschungsethischen Problemen zu bewältigen (Friebertshäuser/Panagiotopoulou 2010, 314). Ein Forscher muss unter anderem Folgendes klären und ausbalancieren: a) die In-

forschungsethische Probleme

tensität der Aufklärung der zu Beobachtenden über das Untersuchungsziel, b) die Reaktion auf unethische und strafrechtlich bedenkliche Handlungen sowie vertrauliche Informationen, c) die Wahl des Anonymisierungsverfahren für den Untersuchungsort und die beobachteten Personen/Gruppen sowie d) die Verantwortung für den Umgang mit den Ergebnissen durch Politik, Verwaltung und Öffentlichkeit.

Zusammenfassend betrachtet weist die wissenschaftliche Beobachtung Merkmale auf, die einerseits einen deutlichen Erkenntnisgewinn versprechen (z. B. Erhebung im Feld, Offenheit der Methoden) und andererseits zu Problemen und Kritikpunkten in der Umsetzung führen.

3.3.7 Checkliste

Im Folgenden sollen 1. eine kurze Checkliste für eine strukturierte Beobachtung und danach 2. zehn Gebote für eine unstrukturierte, ethnografische Feldforschung dargestellt werden.

Checkliste für strukturierte Beobachtung

Die nachfolgende Checkliste ist als Orientierungshilfe für die Umsetzung strukturierter Beobachtung gedacht.

---

1. Vorbereitung der Beobachtungen
- ☐ Thema identifizieren
- ☐ Forschungsstand recherchieren
- ☐ Fragestellung formulieren
- ☐ Hypothesen formulieren
- ☐ Beobachtungsmethode auswählen
- ☐ Analyseeinheiten festlegen
- ☐ Kategoriensystem entwickeln
- ☐ Beobachtungsinstrument entwickeln
- ☐ Beobachterschulung durchführen

2. Beobachtungen im Feld
- ☐ Pre-Test mit Prüfung der Reliabilität
- ☐ im Untersuchungsfeld vorstellen
- ☐ Erhebungstermine vereinbaren
- ☐ Durchführung der Beobachtungen (Codierung)

3. Auswertung der Beobachtungen
- ☐ Statistische Analyse der Beobachtungen
- ☐ Interpretation der Beobachtungen
- ☐ Diskussion und Einordnung der Beobachtungen
- ☐ Rückmeldung von Ergebnissen in das Feld

Die folgenden zehn Gebote der Feldforschung (unstrukturierte Beobachtung) wurden von Roland Girtler entwickelt (2001, 184f.), der als Soziologe und Kulturanthropologe über sehr umfangreiche Erfahrungen in der teilnehmenden Beobachtung verfügt. Die Gebote vermitteln in umgangssprachlicher Ausdrucksweise einen Einblick in die forschende Haltung für eine unstrukturierte, ethnografische Feldforschung. Die zehn Gebote der Feldforschung lauten (Girtler 2001, 184f.):

zehn Gebote der Feldforschung

„**1.** Du sollst einigermaßen nach jenen Sitten und Regeln leben, die für die Menschen, bei denen du forschst, wichtig sind. Dies bedeutet Achtung ihrer Rituale und heiligen Zeiten, sowohl in der Kleidung als auch beim Essen und Trinken. – Si vivis Romae, Romano vivito more!

2. Du sollst zur Großzügigkeit und Unvoreingenommenheit fähig sein, um Werte zu erkennen und nach Grundsätzen zu urteilen, die nicht die eigenen sind. Hinderlich ist es, wenn du überall böse und hinterlistige Menschen vermutest.

3. Du sollst niemals abfällig über deine Gastgeber und jene Leute reden und berichten, mit denen du Bier, Wein, Tee oder sonst etwas getrunken hast.

4. Du sollst dir ein solides Wissen über die Geschichte und die sozialen Verhältnisse der dich interessierenden Kultur aneignen. Suche daher zunächst deren Friedhöfe, Märkte, Wirtshäuser, Kirchen oder ähnliche Orte auf.

5. Du sollst dir ein Bild von der Geographie der Plätze und Häuser machen, auf und in denen sich das Leben abspielt, das du erforschen willst. Gehe zu Fuß die betreffende Gegend ab und steige auf einen Kirchturm oder einen Hügel.

6. Du sollst, um dich von den üblichen Reisenden zu unterscheiden, das Erlebte mit dir forttragen und darüber möglichst ohne Vorurteile berichten. Daher ist es wichtig, ein Forschungstagebuch (neben den anderen Aufzeichnungen) zu führen, in das du dir jeden Tag deine Gedanken, Probleme und Freuden der Forschung, aber auch den Ärger bei dieser einträgst. Dies regt zu ehrlichem Nachdenken über dich selbst und deine Forschung an, aber auch zur Selbstkritik.

7. Du sollst die Muße zum ‚ero-epischen (freien) Gespräch' aufbringen. Das heißt, die Menschen dürfen nicht als bloße Datenlieferanten gesehen werden. Mit ihnen ist so zu sprechen, daß sie sich geachtet fühlen. Man muß sich selbst als Mensch einbringen und darf sich nicht aufzwingen. Erst so lassen sich gute Gesprächs- und Beobachtungsprotokolle erstellen.

8. Du sollst dich bemühen, deine Gesprächspartner einigermaßen einzuschätzen. Sonst kann es sein, daß du hineingelegt oder bewußt belogen wirst.

9. Du sollst dich nicht als Missionar oder Sozialarbeiter aufspielen. Es steht dir nicht zu, ‚erzieherisch' auf die vermeintlichen ‚Wilden' einzuwirken. Du bist kein Richter, sondern lediglich Zeuge!

10. Du mußt eine gute Konstitution haben, um dich am Acker, in stickigen Kneipen, in der Kirche, in noblen Gasthäusern, im Wald, im Stall, auf staubigen Straßen und auch sonst wo wohl zu fühlen. Dazu gehört die Fähigkeit, jederzeit zu essen, zu trinken und zu schlafen."

3.3.8 Beispiel

Im Folgenden werden drei Studien, die sich auf die Methode der Beobachtung stützen und durch unterschiedliche Untersuchungsfelder und -fragestellungen sowie Auswertungsverfahren auszeichnen, kurz vorgestellt.

ethnographische Studie in der Kinder- und Jugendarbeit

Im Rahmen einer ethnografischen Studie wurden die Konstitutionsbedingungen und die Dynamik (Performanz) sozialpädagogischen Handelns in der Kinder- und Jugendarbeit untersucht (Cloos et al. 2007). Ein Schwerpunkt der Erhebungen lag auf teilnehmenden Beobachtungen in Einrichtungen, wobei zusätzlich Interviews mit Professionellen, Kindern und Jugendlichen durchgeführt und Interaktionen zwischen Professionellen, Kindern und Jugendlichen sowie Teamsitzungen aufgezeichnet wurden.

In einer ersten Untersuchungsphase fanden Erhebungen in sechs Einrichtungen statt. In der zweiten Untersuchungsphase wurden vier dieser Einrichtungen vertiefend untersucht sowie zwei neue Einrichtungen kontrastierend hinzugenommen. In der dritten Untersuchungsphase stand die Arbeit mit Kindern im Fokus des Forschungsinteresses.

Die Erhebungen begannen mit intensiven Phasen der teilnehmenden Beobachtung. Von den ein- bis zehnstündigen teilnehmenden Beobachtungen wurden Protokolle auf Tonbänder aufgezeichnet, die dann transkribiert, leicht überarbeitet und sortiert wurden.

Die Untersuchung selbst zeichnete sich durch einen zirkulären Forschungsprozess aus: So wechselten sich Phasen der teilnehmenden Beobachtung, der Rekonstruktion des Datenmaterials, der Überprüfung der Erhebungsmethoden sowie der Neujustierung der Fragestellungen und Beobachtungsschwerpunkte ab.

Die Auswertung beruht auf einem sequenzanalytischen Vorgehen, d. h. die Protokollausschnitte der teilnehmenden Beobachtungen und die Interviews wurden Wort für Wort sowie (Teil-)Abschnitt für (Teil-)Abschnitt (Sequenz für Sequenz) interpretiert. Die Untersuchungsergebnisse weisen darauf hin, dass die Kinder- und Jugendarbeit als Handeln in einer sozialpädagogischen Arena zu verstehen ist. Arenen sind demnach soziale Räume 1. mit verschiedenen Formen des Sich-in-Szene-Setzens, aktiven Zuschauens und Beobachtens, 2. mit einer diskontinuierlichen Teilnahme und 3. mit Wettkämpfen und Spielen von Personen unterschiedlicher Zugehörigkeit (Geschlecht, Clique, Generation).

Als konstitutive Regeln für das Handeln von Jugendarbeitern ließen sich 1. die Mitmachregel (Teilnahme an den Aktivitäten der Kinder und Jugendlichen), 2. die Sparsamkeitsregel (Sensibilität bei pädagogischen Interventionen) und 3. die Sichtbarkeitsregel (Verdeutlichung von eigenen Einstellungen und Grenzen) rekonstruieren.

Im Rahmen einer größeren Videostudie wurde der Physikunterricht in Deutschland analysiert (Seidel et al. 2006). **Videostudie im Physikunterricht**

In einer ersten Projektphase (2000–2002) wurde der Physikanfangsunterricht in den Jahrgangsstufen 7 und 8 in 13 Schulklassen und in einer zweiten Projektphase (2002–2004) der Physikunterricht der neunten Jahrgangsstufe in 50 zufällig gezogenen Schulklassen in vier Bundesländern in Deutschland untersucht.

In den per Zufall gezogenen Klassen wurde im Schuljahr 2002/2003 eine zweistündige Unterrichtssequenz auf Video aufgezeichnet. Zur Analyse der Unterrichtspraktiken wurde ein Codierinstrument eingesetzt, d. h. zum Einsatz kam ein codierendes Auswertungsverfahren. Zusätzlich wurde bei den Schülern zu Beginn und am Ende des Schuljahres ein Test durchgeführt und ein Fragebogen eingesetzt. Die Lehrkräfte nahmen zudem an einer Fragebogen- und Interviewerhebung teil. Die Daten wurden miteinander verknüpft und u. a. mittels statistischer Auswertungsverfahren (z. B. Korrelationsanalysen, Mehrebenenanalyse) ausgewertet.

In der Auswertung der Videostudie wurde zum einen deutlich, wie einheitlich der Physikunterricht in Deutschland hinsichtlich bestimmter Merkmale verläuft (z.B. Klassenorganisation, Zielorientierung, Lernbegleitung, Fehlerkultur). Es dominiert der didaktische Zugang des fragend-entwickelnden Gesprächs. Zum anderen konnte nachgewiesen werden, dass die Lernbegleitung einen Einfluss auf die Entwicklung von Einstellungen gegenüber Physik und dem Interesse an ihr hat, während sich die Zielorientierung und das Experimentieren vor allem auf die kognitive Lernentwicklung auswirken.

Im Fokus der qualitativen Studie standen die praktischen Anforderungen an Schülerinnen und Schüler in der konkreten Unterrichtssituation (Breidenstein 2006). **ethnografische Studie im Unterricht**

Bei der Analyse des praktischen Schülerhandelns ging es um die Beantwortung u. a. folgender Fragen: Was tun die Schülerinnen und Schüler? Wie tun sie es? Welche Bedeutung hat die Schulklasse? Wie beziehen sich die Schüler und Schülerinnen aufeinander?

Zwischen 2001 und 2005 wurden Beobachtungen an zwei kontrastierenden Schulklassen in zwei unterschiedlichen Schulen in einer Großstadt durchgeführt. Die Forscher nahmen über einen längeren Zeitraum am Unterricht der Klassen teil. Dabei wechselten sich Phasen der Erhebung und Auswertung ab. Die Erhebungsphasen dauerten jeweils etwa 12 Wochen, wobei die Forscher zumeist an zwei bis drei Tagen in der Woche jeweils für zwei bis drei Schulstunden (inklusive der Pausen) in den Klassen präsent waren. Das gesamte Datenmaterial bestand am Ende unter anderem aus 145 Beobachtungsprotokollen (ca. 1200 Seiten), 11 Gruppendiskussionen, 16 Einzelinterviews sowie Videos von ca. 30 Unterrichtsstunden.

Bei den durchgeführten Analysen zur Praxis des Schülerhandelns wurde sich vor allem auf die teilnehmenden Beobachtungen konzentriert. Die Auswertung des Datenmaterials erfolgte sowohl mittels codierender Verfahren (Suche nach Strukturen, Relevanzen und Themen in den Daten) als auch mit sequenzanalytischen Verfahren. Die Untersuchungsergebnisse verweisen auf einen pragmatischen und unterhaltungsorientierten Umgang der Schülerinnen und Schüler mit dem Unterricht, der als „Schülerjob" beschrieben wird: Schüler betreiben parallel zum Unterricht eine Nebenbeschäftigung oder Unterhaltung, verwenden ausgewählte Inhalte des Unterrichts für Zwecke der Unterhaltung oder bewegen sich zwischen Unterrichtstätigkeit und Privatgespräch hin und her.

3.3.9 Übungsaufgaben

Aufgabe 1 Wählen Sie sich ein Untersuchungsfeld aus (z. B. Schule, Jugendeinrichtung, Rehabilitationseinrichtung, Volkshochschule, Universität).

Aufgabe 2 Wählen Sie eine interessante Fragestellung für das Untersuchungsfeld aus und grenzen Sie darauf aufbauend ggf. den Untersuchungsfokus weiter ein.

Aufgabe 3 Wählen Sie sich eine Form der wissenschaftlichen Beobachtung aus.

Entwickeln Sie einen geeigneten Beobachtungsbogen für Ihre Fragestellung und Ihr Untersuchungsfeld.	**Aufgabe 4**
Führen Sie eine kurze wissenschaftliche Beobachtung in dem Untersuchungsfeld mit dem Beobachtungsbogen durch (Dauer: ca. 20 Minuten).	**Aufgabe 5**
Erstellen Sie ein Beobachtungsprotokoll zu Ihrer durchgeführten Beobachtung.	**Aufgabe 6**
Reflektieren Sie Ihre eigene Beobachtung (z.B. Schwierigkeiten im Untersuchungsfeld, Trennung von Beobachtung und Interpretation, Eignung des Beobachtungsbogens, Einhaltung der Gütekriterien).	**Aufgabe 7**

3.3.10 Literaturempfehlungen

Einen guten Überblick zur ethnografischen Feldforschung bieten:

Girtler, R. (2001): Methoden der Feldforschung. 4. Aufl. Böhlau, Wien

Atkinson, P., Hammersley, M. (2007): Ethnography. Principles in Practice. 3rd Ed. Routledge, London

Für die Vertiefung der teilnehmenden Beobachtung eignet sich:

Lamnek, S. (2005): Qualitative Sozialforschung. Lehrbuch. 4. Aufl. Beltz, Weinheim

Zur strukturierten Beobachtung ist das folgende, schon etwas ältere Buch immer noch empfehlenswert:

Greve, W., Wentura, D. (1997). Wissenschaftliche Beobachtung. Eine Einführung. Beltz, Weinheim

3.4 Test

In diesem Kapitel wird Ihnen relevantes Überblickswissen zu Merkmalen, zur Konzipierung und zur Durchführung von Tests vermittelt. Nach einem kurzen Überblick, der Klärung der Lernziele und der Definition *(Kap. 3.4.1)* wird hierzu auf relevante Diskussionen im Fachdiskurs zu Testverfahren *(Kap. 3.4.2),* Merkmale und verschiedene Formen von Tests *(Kap. 3.4.3),* das Vorgehen bei der Konstruktion,

Bewertung und Durchführung von Tests *(Kap. 3.4.4)*, zentrale Gütekriterien *(Kap. 3.4.5)* sowie auf Grenzen und Kritik von Tests eingegangen *(Kap. 3.4.6)*. Das Kapitel schließt mit einer Checkliste *(Kap. 3.4.7)*, einem Beispiel *(Kap. 3.4.8)*, einer Übungsaufgabe *(Kap. 3.4.9)* und Literaturempfehlungen *(Kap. 3.4.10)* ab.

Wenn Sie dieses Kapitel durchgearbeitet haben, sollten Sie wissen,

1. was man unter einem Test versteht und welche Merkmale ein Test hat,
2. welche grundlegenden Theorieansätze bei der Testentwicklung unterschieden werden,
3. welche Testverfahren es überhaupt gibt,
4. wie man Tests konstruiert und durchführt,
5. welche Gütekriterien bei Tests beachtet werden müssen und
6. anhand welcher Indikatoren man die Qualität eines Tests bewerten kann.

3.4.1 Definition

Tests finden in der psychologischen, aber auch in der pädagogischen Praxis eine vielfältige Anwendung, um Leistungs-, Persönlichkeits- und Verhaltensmerkmale von Personen zu erheben und darauf aufbauend einzel-, gruppen- und systembezogene Entscheidungen und Interventionen empirisch begründet treffen und ggf. überprüfen zu können. Typische Anwendungsfelder im pädagogischen Bereich sind Kindergärten, Schulen, Hochschulen, Jugendhilfe- und Beratungsstellen sowie Betriebe und Personalabteilungen. Beispiele für Tests sind Einschulungstest, Lese- und Rechtschreibtest, Intelligenztest, Leistungstest sowie Eignungstest für Berufe und Hochschulen (Bühner 2010, 18f.).

Angesichts der technischen Entwicklung hat die Erhebung und Auswertung von computergestützten Tests in der pädagogischen Praxis zugenommen. In den letzten Jahren haben Tests zudem als eigenständige Erhebungsverfahren in größeren erziehungswissenschaftlichen Studien an Bedeutung gewonnen. Ein namhaftes Beispiel hierfür ist PISA, eine Studie, in der weltweit in regelmäßigen Abständen Schülerkompetenzen über Tests erhoben und international verglichen werden.

verschiedene Verständnisse von Tests

Unter einem Test wird – auch in der erziehungswissenschaftlichen Forschung – Unterschiedliches verstanden. Je nach Perspektive wird darunter a) ein diagnostisches Verfahren zur Erhebung von Leistungs-, Persönlichkeits- und Verhaltensmerkmalen, b) das konkrete Untersuchungsmaterial für ein diagnostisches Verfahren, c) die Durchführung eines diagnostischen Verfahrens selbst, d) ein statistisches Verfahren zur Prüfung der Signifikanz von Untersuchungsergebnissen oder e) fast jede schriftliche Arbeit im Schul- und Hochschulbereich verstanden (Lienert/Raatz 1998, 1). Für die Erhebung von Daten ist vor allem das diagnostische Verfahren zur Erhebung von Leistungs-, Persönlichkeits- und Verhaltensmerkmalen von Bedeutung. Hierauf soll sich im Folgenden bezogen werden.

> **Definition:**
> Nach einer häufig verwendeten Definition von Lienert und Raatz (1998, 1) lässt sich ein **wissenschaftlicher Test zur Erhebung von spezifischen Merkmalen** folgendermaßen definieren:
>
> „Ein Test ist ein wissenschaftliches Routineverfahren zur Untersuchung eines oder mehrerer empirisch abgrenzbarer Persönlichkeitsmerkmale mit dem Ziel einer möglichst quantitativen Aussage über den relativen Grad der individuellen Merkmalsausprägung."

Nach dieser Definition muss ein Test also erstens empirisch abgrenzbare Merkmale überprüfen, zweitens Persönlichkeitsmerkmale messen, drittens wissenschaftlich begründet sein, viertens routinemäßig erfolgen und fünftens die Positionierung einer Person in Bezug auf mindestens ein Merkmal sowie eine Gruppe ermöglichen (Lienert/Raatz 1998). Ergänzt werden müssten die Definition und das damit verbundene Begriffsverständnis noch dahingehend, dass ein Test über zeitlich stabile Persönlichkeitsmerkmale hinaus – auch sich im Zeitverlauf verändernde – Leistungs- und Verhaltensmerkmale erfassen kann.

Bei der Testkonstruktion muss berücksichtigt werden, dass es in den meisten Tests weniger darum geht, manifeste Merkmale (sind direkt durch eine Befragung oder Beobachtung erfassbar), sondern vielmehr latente Merkmale zu messen (sind nicht durch eine Befragung oder Beobachtung erfassbar). **manifeste vs. latente Merkmale**

Die Testkonstruktion, -durchführung, -auswertung und -interpretation wird seit vielen Jahren im nationalen und internationalen Bereich vor allem durch die Psychologie weiterentwickelt und beeinflusst. Federführend bei diesen Erhebungsverfahren sind insofern a) Fachvertreter (Moosbrugger/Kelava 2011; Bühner 2010; Kersting 2008; 2006; Bortz/Döring 2006; Rost 2004; Brähler et al. 2002; Häcker et al. 1998; Lienert/Raatz, 1998), b) Fachgesellschaften (Testkuratorium 2010; APA 2000) und c) Fachdatenbanken und -zeitschriften der Psychologie (z.B. Testzentrale.de; Leibniz-Zentrum für Psychologische Information und Dokumentation; diagnostica – Zeitschrift für Psychologische Diagnostik und Differentielle Psychologie). **Fachexpertise für Test liegt bei Psychologie**

3.4.2 Theorieansätze

Für die Testentwicklung (aber auch die Konstruktion von Fragebögen und Skalen) sind zwei Theorieansätze von Bedeutung, und zwar a) die Klassische Testtheorie und b) die Prohabilistische Testtheorie. Sie sollen im Folgenden kurz vorgestellt werden (Bortz/Döring 2006; Moosbrugger/Kelava 2011, 104ff.):

Klassische Testtheorie (KTT)

a) Die Klassische Testtheorie (KTT) kann als Messfehler-Theorie umschrieben werden. Klassisch wird sie genannt, weil sie bereits seit über 50 Jahren genutzt wird, aber auch, weil es inzwischen eine ergänzende Prohabilistische Testtheorie gibt. Die Klassische Testtheorie geht davon aus, dass ein Testergebnis der wahren Ausprägung eines Merkmals entspricht, dass aber die Messung des Ergebnisses durch Messfehler beeinflusst wird. Ein Test misst also die Ausprägung eines Merkmals (zuzüglich eines Messfehlers).

Zur Bestimmung der Messfehler wird von fünf Axiomen ausgegangen: 1. Das Testergebnis setzt sich aus dem wahren Wert und dem Messfehler zusammen. 2. Bei wiederholten Testungen gleicht sich der Messfehler aus; der Mittelwert des Messfehlers wird also Null. 3. Die Höhe des Messfehlers ist unabhängig von der Ausprägung des getesteten Merkmals (z. B. Höhe des Intelligenzquotienten). 4. Die Höhe des Messfehlers ist unabhängig vom Ausprägungsgrad anderer Persönlichkeitsmerkmale (z. B. Selbstwirksamkeit). 5. Die Messfehler verschiedener Testungen sind unabhängig, d. h., die Fehlerwerte korrelieren nicht miteinander.

Die Klassische Testtheorie wird zum Teil kritisiert, weil die Trennung von wahrer Merkmalsausprägung und Messfehler kaum bestimmbar ist, die Axiome in der Testpraxis kaum realistisch sind, die Konstruktvalidität kaum bestimmbar ist und oft eine starke Stichprobenabhängigkeit der Ergebnisse vorliegt. Allerdings hat die klassische Testtheorie eine weite Verbreitung gefunden.

Prohabilistische Testtheorie

b) Die Prohabilistische Testtheorie („Item-Response-Theorie"; auch als IRT abgekürzt) ist eine Ergänzung der Klassischen Testtheorie und verfügt über strengere Testmaßstäbe. Sie geht von einem prohabilistischen Zusammenhang, d. h. einem Wahrscheinlichkeitszusammenhang zwischen den Merkmalsausprägungen und den Testergebnissen aus. Im Gegensatz zur Klassischen Testtheorie wird angenommen, dass Testergebnisse lediglich Indikatoren latenter Dimensionen sind. Die Wahrscheinlichkeit einer konkreten Antwort auf ein Testitem hängt insofern von der Ausprägung einer latent vorhandenen Merkmalsdimension ab. Letztlich werden bei der Prohabilistischen Testtheorie 1. die eigentlich im Fokus stehenden und zu untersuchenden Merkmale als latente Dimensionen und 2. einzelne Testitems als Indikatoren der latenten Dimensionen verstanden. Die Prohabilistische Testtheorie wurde beispielsweise bei der Schülerleistungsuntersuchung PISA angewendet.

3.4.3 Formen

Die vorliegenden pädagogischen und psychologischen Tests lassen sich nach Brähler et al. (2002; Bortz/Döring 2006, 190) drei Hauptgruppen zuordnen, nämlich 1. Leistungstests, 2. psychometrischen Persönlichkeitstests und 3. Persönlichkeits-Entfaltungsverfahren. **drei Hauptgruppen von Tests**

1. Bei Leistungstests erhält die Testperson Aufgaben für einen Themenbereich zugewiesen und wird daran gemessen, wie viele Aufgaben sie richtig bzw. falsch beantwortet. Ein Beispiel für Leistungstests ist ein Intelligenztest (z. B. der „Wechsler Intelligence Scale for Children, WISC IV"). Bei Leistungstests kann die Bearbeitungszeit von der Testleitung bewusst sehr knapp bemessen (Speed-Test) oder das Aufgabenniveau schrittweise erhöht werden (Power-Test), um die Leistungsfähigkeit und -grenzen der Testpersonen zu überprüfen (Bortz/Döring 2006, 190). Bei der Konstruktion und Durchführung von Leistungstests wird davon ausgegangen, dass sie verallgemeinerbare Rückschlüsse auf Fähigkeiten der getesteten Person jenseits der konkreten Testaufgaben, -situation und -örtlichkeit zulassen. **Leistungstests**

2. Bei psychometrischen Persönlichkeitstests erhält die Testperson konkrete Stimuli zu einem Merkmal oder mehreren Merkmalen und soll sich dazu auf der Basis standardisierter Erfassungsinstrumente positionieren. Mit solchen psychometrischen Persönlichkeitstests werden beispielsweise Eigenschaften, Motive, Interessen, Einstellungen und Werthaltungen untersucht. Unterschieden werden können objektive Persönlichkeitstests (Testperson kennt Intention des Tests nicht und Auswertung erfolgt durch Testleitung) und subjektive Persönlichkeitstests (Testperson kennt Intention des Tests und nimmt Selbsteinschätzungen vor). Aus den Ergebnissen der psychometrischen Persönlichkeitstests werden Rückschlüsse über die Einordnung des Einzelfalls in Bezug auf spezifische Merkmale und Gruppen gezogen. Hierzu müssen die Persönlichkeitstests jedoch den klassischen Testgütekriterien (Objektivität, Reliabilität und Validität) entsprechen und möglichst genormt sein. Es **psychometrische Persönlichkeitstests**

müssen folglich Normwerte für die Bezugsgruppe vorliegen. Ein sehr bekannter psychometrischer Persönlichkeitstest ist der BIG V, der fünf Faktoren der Persönlichkeit erfasst (Gewissenhaftigkeit, Offenheit für Erfahrungen, Extraversion, Verträglichkeit und Neurotizismus).

Persönlichkeits-Entfaltungsverfahren

3. Bei Persönlichkeits-Entfaltungsverfahren werden der Testperson bewusst sehr unspezifisches Reizmaterial bzw. unspezifische Testaufgaben vorgegeben, um so individuelle Äußerungen und Einstellungen zu einem Themenbereich zu provozieren. Ein sehr bekanntes Persönlichkeits-Entfaltungsverfahren ist der Rorschach-Test, bei dem die Testpersonen Tintenklecksmuster individuell deuten sollen. Solche projektiven Tests, wie Persönlichkeits-Entfaltungsverfahren auch genannt werden, verfügen auf der einen Seite über Vorteile bei der Generierung individueller Deutungen. Auf der anderen Seite haben sie entscheidende Nachteile, da sie den klassischen Testgütekriterien vielfach nicht entsprechen und zudem nicht eindeutig auswertbar sind. Vor diesem Hintergrund steht die wissenschaftliche Fundierung der Persönlichkeits-Entfaltungsverfahren in der Kritik (Brähler et al. 2002).

Das Spektrum an Tests ist auch innerhalb der drei skizzierten Hauptgruppen äußerst vielfältig und ausdifferenziert, sodass eine vollständige Auflistung nicht erfolgen kann.

Einordnung von Tests

Abbildung 12 gibt einen groben Überblick über ein Klassifikationsmodell psychologischer und pädagogischer Tests, das von Brähler et al. (2012) veröffentlicht wurde.

3.4.4 Methodisches Vorgehen

Die Konstruktion eines wissenschaftlichen Tests ist fachlich anforderungsreich und zeitaufwendig. Eine Testkonstruktion wird in der Praxis von Professionellen mit meist langjähriger Berufserfahrung und umfangreicher Expertise vorgenommen und soll hier daher lediglich skizziert werden:

Arbeitsschritte bei der Konstruktion eines Tests

Für die Konstruktion eines Tests sind zumindest drei Arbeitsschritte erforderlich (Bühner 2010, 84ff.): Im ersten Arbeitsschritt muss ein vorläufiger Entwurf des Tests erstellt werden, in dem das Testziel, die Zielgruppe und die Testkonstruktion geklärt, Indikatoren und Konstrukte eingegrenzt, Literaturrecherchen und definitorische Präzisierungen vorgenommen sowie die konkreten Itemformate und -auswahl festgelegt werden.

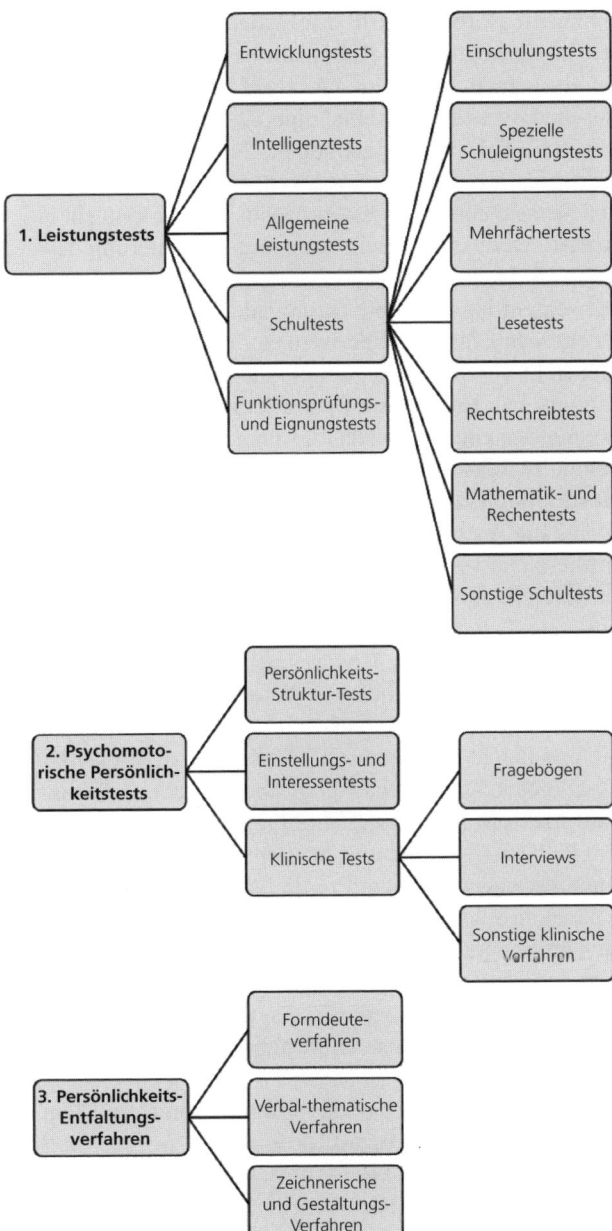

Abb. 12: Klassifikationsmodell psychologischer und pädagogischer Tests (Brähler et al. 2002)

In einem zweiten Arbeitsschritt erfolgt dann eine empirische Überprüfung des Testentwurfes im Rahmen einer umfangreichen Item- und Skalenanalyse (z. B. über eine Analyse der Schwierigkeit und des Anforderungsniveaus von Items, eine Überprüfung der Trennschärfe der Items, eine Analyse der latenten Faktoren, eine Reliabilitätsanalyse). Für diesen Arbeitsschritt müssen die erhobenen Daten codiert vorliegen, um sie computergestützt auswerten zu können.

Im dritten Arbeitsschritt wird dann eine Normierung des Tests vorgenommen (Bühner 2010, 84ff.).

Hinweise zur Durchführung eines Tests Vor der eigentlichen Durchführung eines Tests empfiehlt es sich, in Testkatalogen und Test-Handbüchern zu recherchieren und eine gezielte Testauswahl vorzunehmen. Empfehlenswert für eine Orientierung im pädagogischen Bereich sind vor allem a) das Brickenkamp Handbuch psychologischer und pädagogischer Tests (Brähler et al. 2002), b) der aktuelle Testkatalog der Testzentrale (Testzentrale 2012) und c) die Testbibliotheken in den Hochschulen. Sie erleichtern die Testauswahl und die Testbewertung. Darüber hinaus gibt es für unterschiedliche Testbereiche verschiedene Überblickswerke.

Durchführung und Auswertung von Tests durch Pädagogen Inwieweit Pädagogen (psychologische) Tests selbst durchführen oder zumindest Tests bzw. Testergebnisse bewerten sollen bzw. können, ist umstritten. Die beiden Psychologen Moosbrugger und Höfling (2011) weisen unter dem Stichwort Testing Technicians auf Probleme bei der Anwendung psychologischer Tests durch Nichtpsychologen hin. Brickenkamp macht im Vorwort des klassischen „Brickenkamp Handbuch psychologischer und pädagogischer Tests" allerdings zu Recht darauf aufmerksam (Brähler et al. 2002), dass es neben Psychologen vor allem Pädagogen, Ärzte und Juristen sind, die in ihrem beruflichen Alltag mit Testergebnissen konfrontiert werden, die sie bewerten müssen. Im pädagogischen Bereich hat zudem der Stellenwert empirischer Methoden an Bedeutung gewonnen und ist zu einem zentralen Ausbildungsbestandteil geworden. So werden Pädagogen in ihrer Ausbildung (inzwischen) intensiv mit theoretischen und methodischen Konzepten von Tests sowie fallverstehenden Verfahren und diagnostischen Kompetenzen vertraut gemacht.

Standards für das Testen Für das Testen im pädagogischen Bereich sind vor allem die *Standards für pädagogisches und psychologisches Testen* von Bedeutung (amerikanische Fassung: AERA/APA/NCME 1999; deutsche Fassung: Häcker et al. 1998). Die aktuelle, fünfte Version der Standards geht unter anderem auf die Fairness während des Testens und des Testeinsatzes, die Rechte und Pflichten der Testteilnehmenden sowie das Testen von Personen mit Behinderung und unterschiedlicher sprachlicher Herkunft ein (AERA/APA/NCME 1999). Berücksichtigt werden muss, dass es bei der Durchführung eines Tests zu Versuchen der positiven Selbstdarstellung durch die Testpersonen, Effekten einer sozialen Erwünschtheit (soziale konforme Antworten) und zu stereotypem Antwortverhalten kommen kann (z. B. Ja-Sager) (Bortz/Döring 2006).

3.4.5 Gütekriterien

Die Qualität eines Tests lässt sich anhand von Testgütekriterien überprüfen, die als qualitative Forderungen an die Entwicklung, Durchführung und Auswertung von Tests angelegt werden können. In der Fachliteratur werden regelmäßig drei klassische Gütekriterien für Tests hervorgehoben, und zwar 1. die Objektivität, 2. die Reliabilität und 3. die Validität (Schnell et al. 2011, 141 ff.; Bühner 2010, 58 ff.; Bortz/Döring 2006, 195 ff.; Diekmann 2007, 247 ff.; Lienert/Raatz 1998, 7 ff.):

1. Objektivität: Die Objektivität eines Tests gibt an, in welchem Ausmaß die Ergebnisse des Tests unabhängig vom Einfluss des Testanwenders sind (Anwenderunabhängigkeit). In den unterschiedlichen Phasen einer Untersuchung sind dabei verschiedene Qualitätsanforderungen zu beachten, und zwar a) die Durchführungsobjektivität, b) die Auswertungsobjektivität und c) die Interpretationsobjektivität:

a) Die Durchführungsobjektivität gibt an, in welchem Grad die Untersuchungsergebnisse unabhängig vom Verhalten des Testanwenders während der Testdurchführung sind. Ein Test sollte also bei verschiedenen Testanwendern möglichst übereinstimmend durchgeführt werden. Eine hohe Durchführungsobjektivität kann beispielsweise über eine einheitlich festgelegte Instruktion an die Testpersonen, ein einheitliches Vorgehen (auch bei Rückfragen der Testpersonen) und wenige soziale Interaktionen zwischen Testanwender und Testperson erreicht werden. **Durchführungsobjektivität**

b) Die Auswertungsobjektivität gibt an, in welchem Grad die numerische und kategoriale Zuordnung und die Auswertung des Testverhaltens unabhängig vom Testanwender sind. Verschiedene Testanwender sollten bei gleichen Testantworten zum selben Ergebnis gelangen. Eine hohe Auswertungsobjektivität kann unter anderem über ein hohes Maß an Standardisierung der Antworten im Test erzielt werden. **Auswertungsobjektivität**

Interpretations- c) Die Interpretationsobjektivität gibt an, in welchem Grad die Inter-
objektivität pretation der (tatsächlichen) Untersuchungsergebnisse unabhängig vom Interpretierenden ist. Ein Testergebnis sollte gleich interpretiert werden. Bedeutsam wird dies vor allem dort, wo die Testdurchführung, -auswertung und -interpretation durch verschiedene Personen vollzogen wird. Eine hohe Interpretationsobjektivität kann ermöglicht werden, indem es durch die Testentwickler klare Vorgaben und Normen (Vergleichswerte) zur Interpretation des Tests gibt.

Die Durchführungs-, Auswertungs- und Interpretationsobjektivität kann jeweils geprüft werden, indem der Grad der Übereinstimmung von zwei Testanwendern bzw. -interpreten gemessen wird.

2. Reliabilität: Unter Reliabilität wird der Grad der Genauigkeit angegeben, mit der ein Merkmal oder mehrere Merkmale mittels eines Erhebungsinstruments gemessen werden (Zuverlässigkeit). Ein Test mit einer hohen Reliabilität müsste bei wiederholter Anwendung und denselben Personen zu gleichen Ergebnissen führen. Die Reliabilität wird durch einen sogenannten *Reliabilitätskoeffizienten* gemessen, der angibt, in welchem Maß die Testergebnisse – bei gleichen Testbedingungen und -personen – reproduziert werden können. Wie bei der Objektivität, sind auch bei der Reliabilität unterschiedliche Arten zu unterscheiden. Geprüft werden können a) die Paralleltest-Reliabilität, b) die Retest-Reliabilität und c) die interne Konsistenz:

Paralleltest- a) Die Paralleltest-Reliabilität wird ermittelt, indem den Testperso-
Reliabilität nen zwei Tests, die das gleiche Konstrukt messen, vorgelegt werden und die Übereinstimmung zwischen den Testergebnissen mittels einer Korrelation gemessen wird. Der Aufwand für die Konstruktion von zwei Paralleltests ist allerdings sehr hoch und wird daher selten angewandt.

Retest- b) Die Retest-Reliabilität wird bestimmt, indem Testpersonen ein und
Reliabilität derselbe Test nochmals zu einem späteren Zeitpunkt zur Beantwortung vorgelegt wird und die Korrelation zwischen beiden Ergebnisreihen gemessen wird. Die Retest-Reliabilität lässt sich bei einem Wiederholungstest relativ einfach bestimmen. Für die Berechnung des Reliabilitätskoeffizienten können sich die Merkfähigkeit der Testpersonen, instabile Persönlichkeitsmerkmale und der hohe Aufwand für die Wiederholungsmessung nachteilig auswirken.

c) Die interne Konsistenz kann über zwei Wege bestimmt werden. Eine Möglichkeit stellt die *Testhalbierungs-Reliabilität* (Split-half-Reliabilität) dar, bei der die Aufgaben bzw. Fragen eines Tests in zwei gleichwertige Hälften geteilt (z. B. gerade vs. ungerade Items, Zufallsauswahl), für jede Testperson die zwei Testwerte der Hälften berechnet und schließlich die Korrelation der Testwerte der Hälften berechnet werden. Vorteilhaft für die Berechnung der Testhalbierungs-Reliabilität ist, dass der dafür notwendige Test den Testpersonen lediglich einmal vorgelegt werden muss. Eine andere Möglichkeit zur Bestimmung der internen Konsistenz besteht in einer *Konsistenzanalyse,* bei der jedes Item quasi für einen Paralleltest genutzt und die Korrelationen zwischen den Items berechnet werden. Ein sehr gebräuchliches Maß für die Messung der internen Konsistenz eines Konstrukts ist der Reliabilitätskoeffizient „Cronbachs Alpha", der bei einem guten Test eine Reliabilität von über 0,8 erreicht (Schnell et al. 2011, 145; Bortz/Döring 2006, 199).

interne Konsistenz

3. Validität: Die Validität gibt an, wie gut ein Test in der Lage ist, genau das zu messen, was er zu messen vorgibt. Eine hohe Validität liegt vor, wenn ein Test einen fehlerfreien Rückschluss auf die im Fokus des Tests stehenden Merkmale bei einer Testperson ermöglicht. Auch bei der Validität können drei unterschiedliche Arten unterschieden werden, und zwar a) die Inhaltsvalidität, b) die Kriteriumsvalidität und c) die Konstruktvalidität:

a) Die Inhaltsvalidität gibt an, inwiefern ein Test das zu messende Merkmal erschöpfend erfasst. Ein guter Test sollte also das zu untersuchende Merkmal umfassend abbilden und nicht lediglich Einzelfacetten erheben. Die Inhaltsvalidität kann statistisch nicht bestimmt werden; sie wird vor allem über den Konsens oder das Rating von Experten geprüft.

Inhaltsvalidität

b) Die Kriteriumsvalidität gibt an, inwieweit das Ergebnis eines mit einem Test gemessenen, latenten Konstrukts mit einem vergleichbaren, aber unabhängigen manifesten Merkmal (Kriterium) übereinstimmt (Bortz/Döring 2006, 200). Ein guter Test sollte Ergebnisse erzeugen, die in hohem Maße mit dem relevanten Außenkriterium korrelieren. Die Kriteriumsvalidität wird über die Höhe der Korrelation zwischen Testergebnis und Außenkriterium angegeben.

Kriteriumsvalidität

Konstruktvalidität c) Die Konstruktvalidität gibt an, inwiefern ein Test in der Lage ist, ein Konstrukt zu erfassen. Ein guter Test sollte eine hohe Übereinstimmung mit zugrunde liegenden Theorien bzw. Hypothesen aufweisen. Zur Prüfung sollte eine Vielzahl an theoriebasierten Hypothesen aufgestellt werden. Sofern die Testergebnisse in hohem Maße mit den Hypothesen übereinstimmen, kann von einer Konstruktvalidität gesprochen werden.

Nebengütekriterien Lienert und Raatz halten neben diesen drei Hauptgütekriterien vier weitere Nebengütekriterien für wichtig, die auf den effektiven Einsatz von Tests und die Einordnung von Testergebnissen abzielen: Ein Test sollte demnach normiert, vergleichbar, ökonomisch und nützlich sein (Lienert/Raatz 1998, 7ff.).

3.4.6 Grenzen und Kritik

Grenzen von Tests bestehen – zum Teil auch bei einer Einhaltung der klassischen Gütekriterien – dann, wenn

Grenzen: von mangelnder Fairness bis zu mangelnder Validität

a) die Testkonstruktion bestimmte Gruppen aufgrund ihrer sozialen Herkunft systematisch benachteiligt (Testfairness),
b) sich Testpersonen besonders gut darstellen wollen oder sich in ihren Antworten an vorherrschenden Normen und Werten orientieren (Selbstdarstellung und soziale Erwünschtheit),
c) Testpersonen zu stereotypen Reaktionen (z. B. Jasage-Tendenz) auf Testaufgaben neigen (Antworttendenzen),
d) die Testergebnisse durch die Testpersonen gezielt beeinflusst und kontrolliert werden können (Verfälschbarkeit),
e) die Testergebnisse von der aktuellen Situation der Testpersonen oder der Erhebungssituation abhängen (Störanfälligkeit) und
f) die Testwerte nicht mit dem beobachtbaren Verhalten bzw. den Merkmalen übereinstimmen (unzureichende Skalierung und Validität) (Moosbrugger/Kelava 2011, 23ff.; Testkuratorium 2010, 56; Bortz/Döring 2006, 231ff.).

Kritik: „Testitis" und deren Nutzen An Tests wird davon abgesehen in der Praxis deren häufiger Einsatz kritisiert („Testitis"), was zum Teil zu einem vorherigen Training und häufig einer erheblichen Belastung bei Testpersonen und letztlich einer Verfälschung von Testergebnissen führt. Zum anderen wird kritisch hinterfragt, ob eingesetzte Tests tatsächlich die anvisierten Leistungs-, Persönlichkeits-, Verhaltensmerkmale differenziert und vollständig erfassen.

3.4.7 Kurzcheckliste zur Beurteilung eines Tests

Die nachfolgende Kurzcheckliste bietet eine grobe Orientierung für die Beurteilung von Tests. Sie kann eine vertiefte Auseinandersetzung mit der Testtheorie, der Testkonstruktion sowie der konkreten Beurteilung eines Tests nicht ersetzen. Für die Bewertung eines Tests gibt es insbesondere im psychologischen Bereich sehr ausdifferenzierte Darstellungen, die hier als Orientierung dienen (Moosbrugger/Kelava 2011; Bühner 2010, 29ff.; Testkuratorium 2010, 54ff.; Kersting 2008; 2006; APA 2000, Häcker et al. 1998).

1. **Allgemeine Informationen**
   - Es liegt ein Testhandbuch vor, das den Testanwendern zugänglich ist.
   - Es liegen differenzierte Angaben zum Testaufbau vor (z. B. Itemzahl, Skalen, Itembeispiele, Beantwortung).
   - Es liegen Angaben zur Alters- und Zielgruppe, zur Fragestellung, zum Gegenstand, zur Reichweite und den Grenzen des Tests vor.
   - Im Testhandbuch wird über Studien von anderen Autoren, die den Test einsetzten, berichtet.
   - Die Studien werden wahrheitsgetreu und nachvollziehbar dargestellt (Jahr, Stichprobe, theoretische und methodische Grundlagen).
   - Im Testhandbuch wird über die notwendigen Rahmenbedingungen informiert (z. B. Personal, Material, Räumlichkeiten, Hardware).
   - Es liegen Angaben zur Zeitbelastung für die Testpersonen, -anwender und -interpreten vor.

2. **Theoretische Fundierung**
   - Eine theoretische Fundierung des Tests wird vorgenommen und ist nachvollziehbar.
   - Die Wahl und Konstruktion der Dimensionen wird erläutert und erfolgt theoretisch begründet.
   - Die Wahl der Items wird erläutert und erfolgt theoretisch begründet.
   - Der Mehrwert des Tests gegenüber bestehenden Tests wird ausreichend begründet.
   - Die zitierte Literatur ist zugänglich.

3. **Objektivität**
   - Im Testhandbuch werden die Alters- und Zielgruppen des Tests erläutert.
   - Im Testhandbuch wird auf die methodischen und fachlichen Anforderungen an die Testanwender eingegangen.

- Im Testhandbuch wird auf das richtige Vorgehen und die relevanten Testbedingungen eingegangen (z. B. erlaubte Hilfsmittel).
- Es gibt präzise Vorgaben, wie die Instruktionen der Testanwender erfolgen sollen.
- Es gibt präzise Vorgaben, wie mit Rückfragen der Testpersonen umgegangen wird.
- Es gibt Hinweise für potenzielle Störungen und Verfälschungen bei der Durchführung des Tests.
- Die Auswertung erfolgt anhand standardisierter Verfahren oder präziser Anweisungen.
- Es gibt Vorgaben für den Umgang mit fehlenden Werten bei der Auswertung.
- Es gibt Vorgaben, bis zu welcher Anzahl von fehlenden Werten der Test noch gültig ist.
- Es gibt Fallbeschreibungen und beispielhafte Interpretationen für die Testinterpretation.
- Es gibt Angaben, welche Sachkunde erforderlich ist, um einen Test zu interpretieren.

4. Reliabilität
- Es gibt nachvollziehbare Angaben zur Reliabilität, die auf ausreichend großen Stichproben beruhen.
- Es werden unterschiedliche Reliabilitäten berechnet.
- Es werden für alle Teilstichproben eigene Reliabilitäten angegeben.
- Die Reliabilitäten liegen möglichst über 0,8.
- Die Skalenkonstruktion erfolgt theoretisch begründet und empirisch geprüft (z. B. Faktorenanalysen).
- Die interne Konsistenz von Skalen darf nicht durch nahezu identische Items erreicht werden.

5. Validität
- Es gibt nachvollziehbare und begründete Angaben zur Validität.
- Die theoretischen Konstrukte des Tests werden beschrieben und begründet.
- Es wird begründet, welche Befunde generalisiert werden können.
- Es werden unterschiedliche Validitätsprüfungen eingesetzt.
- Die Validitätsprüfungen sind theoriegestützt und hypothesengeleitet erfolgt.

6. Normierung
- Es liegt eine Normstichprobe vor.
- Es liegen nachvollziehbare Angaben zur Gewinnung, Zusammensetzung und Repräsentativität der Normstichprobe vor.
- Die Normstichprobe ist repräsentativ für die Zielpopulation des Tests.
- Es liegen für alle Ziele und Zielgruppen des Tests Normwerte vor.
- Die Normwerte sind jünger als acht Jahre.

3.4.8 Beispiel

Im Folgenden werden kurz zwei weitverbreitete Tests vorgestellt, die als Beispiel für einen Leistungstest und ein Persönlichkeits-Entfaltungsverfahren dienen sollen.

Die *Wechsler Intelligence Scale for Children, WISC IV* (in Deutschland früher unter dem Namen HAWIK bekannt) ist ein weitverbreitetes, psychologisch-pädagogisches Testverfahren zur Erfassung und Bewertung der allgemeinen kognitiven Funktionen eines Kindes (zur deutschen Version: Petermann/Petermann 2011). Der WISC-IV beinhaltet 15 Untertests (z.B. Wortschatz-Test, allgemeines Verständnis, Mosaik-Test, Bildkonzepte, Zahlen nachsprechen, Buchstaben-Zahlen-Folgen, Zahlen-Symbol-Test, Symbol-Suche). Mit dem Test können ein Gesamt-Intelligenzquotient (Gesamt-IQ) sowie IQ-Werte für vier Indizes (Sprachverständnis, wahrnehmungsgebundenes logisches Denken, Arbeitsgedächtnis und Verarbeitungsgeschwindigkeit) berechnet werden. Für den Test müssen die Kinder beispielsweise unterschiedlich komplexe Mustervorlagen innerhalb einer vorgegebenen Zeitspanne nachbauen (Mosaik-Test) oder eine vorgegebene Zahlenreihe in derselben Reihenfolge oder in umgekehrter Reihenfolge nachsprechen (Zahlen nachsprechen). Zur Reliabilität und Validität liegen entsprechende Befunde vor. Petermann und Petermann (2011, 17f.) gehen davon aus, dass geschulte Ärzte und Sonderschulpädagogen das Verfahren anwenden können.

Beispiel für einen Leistungstest

Im Jahr 1911 ist ein bis heute vielfach verwendeter und altersunabhängiger, projektiver Test von Hermann Rorschach entwickelt worden; der sogenannte *Rorschach-Test*. Den Testpersonen werden Bildvorlagen mit unbestimmten und vieldeutigen Klecks-Gebilden vorgelegt, zu denen sie erklären sollen, was dies sein könnte. Die Äußerungen, die Reaktions- und Antwortzeiten sowie die Auffälligkeiten werden dokumentiert. Die Auswertung erfolgt anhand formaler Kriterien und mittels einer an die Tiefenpsychologie orientierten Inhaltsanalyse. Auf dieser Basis werden dann Rückschlüsse über die Persönlichkeitsstruktur und die Dynamik eines Menschen gezogen. Zur Reliabilität und Validität des Tests liegen widersprüchliche Befundlagen vor (Brähler et al. 2002, 1275ff.).

Beispiel für ein Persönlichkeits-Entfaltungsverfahren

3.4.9 Übungsaufgaben

Aufgabe 1 Wählen Sie sich einen Test in einem Test-Handbuch, einer Testzentrale oder einer Testbibliothek aus.

Aufgabe 2 Arbeiten Sie anhand des einen Tests heraus, was der Test messen soll, wie er entwickelt wurde und wie er aufgebaut ist.

Aufgabe 3 Prüfen Sie, welche Anforderungen bei der Durchführung, Auswertung und Interpretation des Tests zu beachten sind.

Aufgabe 4 Nehmen Sie anhand der Kurzcheckliste eine Beurteilung des Tests vor.

3.4.10 Literaturempfehlungen

Einen differenzierten Überblick zur Testkonstruktion bieten:

Moosbrugger, H., Kelava, A. (Hrsg.) (2011): Testtheorie und Fragebogenkonstruktion. 2. Aufl. Springer, Berlin

Bühner, M. (2010): Einführung in die Test- und Fragebogenkonstruktion. 3. Aufl. Pearson, München

Für einen sehr guten Überblick über unterschiedliche Tests ist das Brickenkamp Handbuch psychologischer und pädagogischer Tests zu empfehlen:

Brähler, E., Holling, H.. Leutner, D., Petermann, F. (2002): Brickenkamp Handbuch psychologischer und pädagogischer Tests 1+2. 3. Aufl. Hogrefe, Göttingen

3.5 Inhaltsanalyse

Die Inhaltsanalyse ist eine Forschungsmethode der Erziehungswissenschaft, bei der es um die empirische Erhebung, (ggf. statistische) Aufbereitung und Interpretation von inhaltlichen und formalen Merkmalen (Kategorien) von Mitteilungen geht. In diesem Kapitel werden die grundlegenden Annahmen der Inhaltsanalyse erläutert und eine Definition gegeben *(Kap. 3.5.1)*. Darauf aufbauend werden wichtige Theorieansätze *(Kap. 3.5.2)* beschrieben und in ihrer historischen Entwicklung nachgezeichnet. Es folgt die Darstellung zentraler Formen

(Kap. 3.5.3) und Elemente eines inhaltsanalytischen Vorgehens in erziehungswissenschaftlichen Kontexten *(Kap. 3.5.4)*, wobei auf die Unterschiede zwischen einer qualitativen und einer quantitativen Inhaltsanalyse besonders eingegangen wird. Im Anschluss daran werden die Gütekriterien beschrieben *(Kap. 3.5.5)* und es wird zu Grenzen und Kritik Stellung genommen *(Kap. 3.5.6)*. Eine Checkliste *(Kap. 3.5.7)* fasst das Wesentliche zusammen. Abgeschlossen wird das Kapitel mit Beispielen *(Kap. 3.5.8)*, Übungsaufgaben (Kap. 3.5.9) und Literaturempfehlungen *(Kap. 3.5.10)*.

> **Wenn Sie dieses Kapitel durchgearbeitet haben, sollten Sie wissen,**
>
> 1. *wodurch sich die Inhaltsanalyse auszeichnet und welche Formen es gibt,*
> 2. *welche methodischen Schritte zu beachten sind und*
> 3. *wo Grenzen und Kritik zu sehen sind.*

3.5.1 Definition

Es ist schwer festzulegen, wann zum ersten Mal eine Inhaltsanalyse durchgeführt wurde (Früh 2011; Mayring 2010): Manche Autoren sehen bereits in den ersten Aufzeichnungen der Menschheitsgeschichte Anzeichen eines inhaltsanalytischen Vorgehens, andere Autoren sehr viel später, beispielsweise bei Untersuchungen pietistischer Kirchenlieder im 18. Jahrhundert durch Kleriker oder noch später bei Sigmund Freuds (1856–1939) Traumdeutungen. So unterschiedlich diese Ankerpunkte auch sind, sie haben eines gemeinsam: Es ging jeweils um die Beschreibung und Interpretation von inhaltlichen und formalen Merkmalen, also Kategorien, von Mitteilungen. **Ursprung des Begriffs**

Für das Verständnis einer Inhaltsanalyse dürfte ihre Entwicklung zu einer wissenschaftlichen Methode wichtig sein. Dieses Datum lässt sich festhalten: Die Expansion von (Massen-)Medien in Form von Zeitungen, Radio und Fernsehen zu Beginn des 20. Jahrhunderts, besonders sichtbar auch in einer propagandistischen Berichterstattung der Militärs während der beiden Weltkriege, weckte das Erkenntnisinteresse, entsprechende Kommunikationsprozesse und ihre Wirkungsweisen zu untersuchen. Zu den wichtigsten Namen in diesem Kontext zählen Paul Felix Lazarsfeld (1901–1976) und Harold Dwight Lasswell (1902–1978). Letzterer hat mit seiner bekannten Formel „Who says What in Which Channel to Whom with What Effect?"(Lasswell 1948) das breite Feld eines inhaltsanalytischen Zugriffes im Rahmen einer Kommunikations- und Medienwissenschaft abgesteckt. Diese Entwicklung erreicht nach dem Zweiten Weltkrieg ihren Höhepunkt: **historische Entwicklung**

Auf Tagungen und Kongressen wird im Sinn einer Grundlagenforschung das theoretische Fundament einer Inhaltsanalyse diskutiert, in einer Reihe von Grundlagenwerken wird es fixiert. Bis heute zählt das 1952 erschienene Werk „Content Analysis in Communication Research" von Bernard Berelsen (1912–1979) zu den Klassikern.

qualitative und quantitative Inhaltsanalyse

Hervorzuheben ist an dieser Stelle, dass sich im Zuge dieser Erschließung der Inhaltsanalyse als wissenschaftliche Methode zwei unterschiedliche Richtungen herausgebildet haben, die lange Zeit zu Kontroversen führten: einerseits eine qualitative Inhaltsanalyse und andererseits eine quantitative Inhaltsanalyse. Ausgangspunkt für diesen Methodenstreit war u. a. ein Beitrag von Siegfried Kracauer (1898–1966) aus dem Jahr 1952 und die darin enthaltene qualitative Kritik, ob ein rein quantifizierendes Vorgehen nicht zu vorschnell und zu oberflächlich sei, weil es nur manifeste Bedeutungseinheiten betrachten und latente Sinnstrukturen nicht erfassen könne. Diese Kontroversen bestehen heute nicht mehr in dieser Schärfe, sodass von einer gegenseitigen Annäherung und Wertschätzung gesprochen werden kann, auch wenn in der konkreten Umsetzung beider Verfahren weiterhin gravierende Unterschiede bestehen.

Innerhalb der Forschungsmethoden hat sowohl die qualitative als auch die quantitative Inhaltsanalyse einen festen Platz. Dies zeigt sich nicht zuletzt an der breiten Basis an auflagenstarken Grundlagenwerken, beispielsweise von Philipp Mayring (2010) und Werner Früh (2011), auf die sich auch die vorliegende Darstellung vornehmlich beruft.

Definition:
Angesichts der angestellten Überlegungen zeigt sich, dass eine **Inhaltsanalyse** sehr breit und sehr facettenreich eingesetzt werden kann. Sie ist eine Forschungsmethode, die inhaltliche und formale Aspekte von mehreren Mitteilungen unter bestimmten Gesichtspunkten empirisch erhebt, Kategorien bildet und (ggf. statistisch) aufbereitet sowie darauf aufbauend Schlüsse zieht.

Diese Definition soll im nachstehenden Punkt näher erläutert werden.

3.5.2 Theorieansätze

Kommunikationsmodell

Die Inhaltsanalyse hat, wie weiter oben dargelegt wurde, ihren Ursprung in den Medien- und Kommunikationswissenschaften. Insofern basiert sie auf einem Kommunikationsmodell, das in *Abbildung 13* zu finden ist.

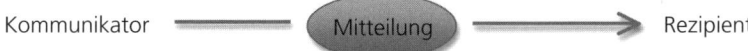

Abb. 13: Kommunikationsmodell

Zur Erläuterung können die bereits zitierten Worte von Lasswell herangezogen werden: „Who says What in Which Channel to Whom with What Effect?" Auch wenn diese Formel aufgrund ihrer Prägnanz nicht allumfassend sein kann, sie eröffnet dennoch wichtige Eckpfeiler für das Verständnis von Kommunikation:

Lasswell-Formel

- Die **erste Stufe** *(Wer-sagt-Stufe)*, die auch als Kommunikatorstufe oder Senderstufe bezeichnet werden kann, ist das Forschungsgebiet der Kommunikatorforschung. Sie befasst sich unter anderem mit den Biografien bekannter Journalisten oder Publizisten und untersucht den Arbeitsprozess in Redaktion und Medienunternehmen.

- Die Erforschung der **zweiten Stufe** *(Was-Stufe)* ist Aufgabe der Inhaltsanalyse. Ihr geht es um die Aussagen, die gemacht werden. Systematisch werden mit ihrer Hilfe Medienangebote jedweder Art formal und inhaltlich analysiert.

- Die **dritte Stufe** *(In-welchem-Kanal-Stufe)* wird von der Medienanalyse erforscht. Gegenstand der Studien in diesem Bereich sind Möglichkeiten und Grenzen unterschiedlicher Medien, wie beispielsweise Tages-, Wochen- und Online-Zeitungen, Bücher, Zeitschriften, Rundfunk und Fernsehen, oder Codes, wie Sprache, Zeichen, Ton, Bild und dergleichen.

- Die **vierte Stufe** *(Zu-Wem-Stufe)* steht im Fokus der Publikumsforschung beziehungsweise Rezipientenforschung. Der Leser mit all seinen Besonderheiten und Eigenschaften steht hier im Mittelpunkt des Interesses.

- Die **fünfte Stufe** *(Mit-welchem-Effekt-Stufe)* untersucht die Wirkungsforschung. Ihr Anliegen ist, Reaktionen, die durch ein Medium erzeugt werden, zu messen und zu interpretieren.

Das Erkenntnisinteresse an Mitteilungen kann in Anlehnung an Werner Früh in drei Richtungen gehen, woraus sich nachstehende inhaltsanalytische Ansätze ergeben (Früh 2011):

formal-deskriptiver Ansatz 1. Formal-deskriptiver Ansatz: Mitteilungen werden anhand ihrer äußerlichen und rein inhaltlichen Merkmale beschrieben und interpretiert. Beispielsweise könnte danach gefragt werden, wie lange Verbalzeugnisse in den unterschiedlichen Jahrgangsstufen sind und wie häufig darin Wörter wie „hervorragend", „sehr gut", „gut" usw. vorkommen.

diagnostischer Ansatz 2. Diagnostischer Ansatz: Hier werden Mitteilungen analysiert, um Rückschlüsse über den Verfasser zu erhalten. Dies kann beispielsweise über bestimmte Merkmale der Mitteilung geschehen: Wie wird argumentiert? Auf wen wird Bezug genommen? Welche Autoren werden zitiert? Wie alt bzw. neu ist die zitierte Literatur? Lässt sich ein bestimmter Sprachgebrauch feststellen? Diese Rückschlüsse von Mitteilungsmerkmalen auf den Verfasser werden als Inferenz bezeichnet.

prognostischer Ansatz 3. Prognostischer Ansatz: Mitteilungen werden untersucht, um mögliche Wirkungen auf die Rezipienten benennen zu können. Bei Schulbüchern könnte zum Beispiel danach gefragt werden, ob eine gendergerechte Sprache enthalten ist oder ob Arbeitsaufträge und dazugehörige Abbildungen und Darstellungen in unmittelbarer Nähe zueinander stehen, was aus Sicht der Cognitive Load Theorie (CLT) von Vorteil ist. Die Cognitive Load Theorie wurde von John Sweller und Paul Chandler aufgestellt und geht der Frage nach, wie Lernprozesse vor allem mit Blick auf das Arbeitsgedächtnis erleichtert werden können.

Vor dem Hintergrund des Gesagten lässt sich das Kommunikationsmodell mit den verschiedenen Ansätzen der Inhaltsanalyse *(Abbildung 14)* in Verbindung bringen und folgendermaßen modifizieren:

Abb. 14: Ansätze der Inhaltsanalyse

Aus diesen Überlegungen sind mit Blick auf die Grundlagen der Inhaltsanalyse zwei Schlussfolgerungen zu ziehen (Mayring/Hurst 2005), die die Inhaltsanalyse als wissenschaftliche Methode weiter charakterisieren:

1. **Kategoriengeleitet:** Die Inhaltsanalyse ist ein Verfahren, das mit Kategorien und Kategoriensystemen arbeitet. Kategorien bezeichnen diejenigen Merkmale, die an einem Text analysiert werden sollen. *(Kategoriengeleitetheit)*

2. **Regelgeleitet:** Der Ablauf einer Inhaltsanalyse erfolgt nicht beliebig, sondern ist systematisch und an Regeln orientiert. Er variiert je nach Fragestellung und Zielsetzung, umfasst aber in jedem Fall die Phasen der Planung, der Entwicklung, des Tests, der Anwendung und der Auswertung. *(Regelgeleitetheit)*

Diese Ausführungen lassen erkennen, dass die Inhaltsanalyse das Ziel verfolgt, die Komplexität der Wirklichkeit auf diejenigen Aspekte zu reduzieren, die für das Erkenntnisinteresse von Bedeutung sind. Durch diese Reduktion gehen zwar Informationen verloren, allerdings ist nur so der avisierte Erkenntnisgewinn möglich.

Die Überlegungen zu den Theorieansätzen der Inhaltsanalyse können nicht abgeschlossen werden, ohne nochmals auf die Auseinandersetzung zwischen qualitativer und quantitativer Inhaltsanalyse einzugehen.

Der zentrale Unterschied beider Verfahren ist darin zu sehen, dass es der qualitativen Inhaltsanalyse um die Generierung von Hypothesen geht, während die quantitative Inhaltsanalyse das Ziel verfolgt, Hypothesen zu überprüfen und ggf. weitere zu generieren. Insofern besitzt die quantitative Inhaltsanalyse immer eine qualitative Basis, die erst in einem nächsten Schritt quantifiziert wird. Dies hat zwangsläufig Auswirkungen auf die Größe und Zusammensetzung der Stichprobe bzw. des Untersuchungssample, auf die Festlegung der Untersuchungsmerkmale und auf die Bildung von Kategorien sowie auf die Methoden der Datenauswertung. Daher wird im Folgenden immer dann, wenn eine gesonderte Betrachtung von qualitativer und quantitativer Inhaltsanalyse nötig erscheint, auf die angesprochenen Unterschiede eingegangen. *(Hypothesengenerierung vs. Hypothesenüberprüfung)*

3.5.3 Formen

Wie eben angedeutet wurde, lassen sich auf der Ebene der Unterscheidung von qualitativer und quantitativer Inhaltsanalyse verschiedene Formen ausmachen. Aus quantitativer Sicht werden folgende Formen unterschieden (Früh 2011): *(Formen quantitativer Inhaltsanalyse)*

- **Frequenzanalyse,** die die Häufigkeiten des Auftretens bestimmter Merkmale untersucht.
- **Valenzanalyse,** die auf einer Frequenzanalyse aufbaut und zusätzlich zur Häufigkeit die Bewertung erfasst.

- **Intensitätsanalyse,** die auf einer Valenzanalyse aufbaut und zusätzlich zur Häufigkeit und Bewertung die Intensität erhebt.
- **Kontingenzanalyse,** die der Frage nachgeht, welche Merkmale gemeinsam auftreten.

Ablaufschema quantitative Inhaltsanalyse Für all diese Formen einer quantitativen Inhaltsanalyse schlägt Früh das in *Abbildung 15* dargestellte Ablaufschema vor (Früh 2011).

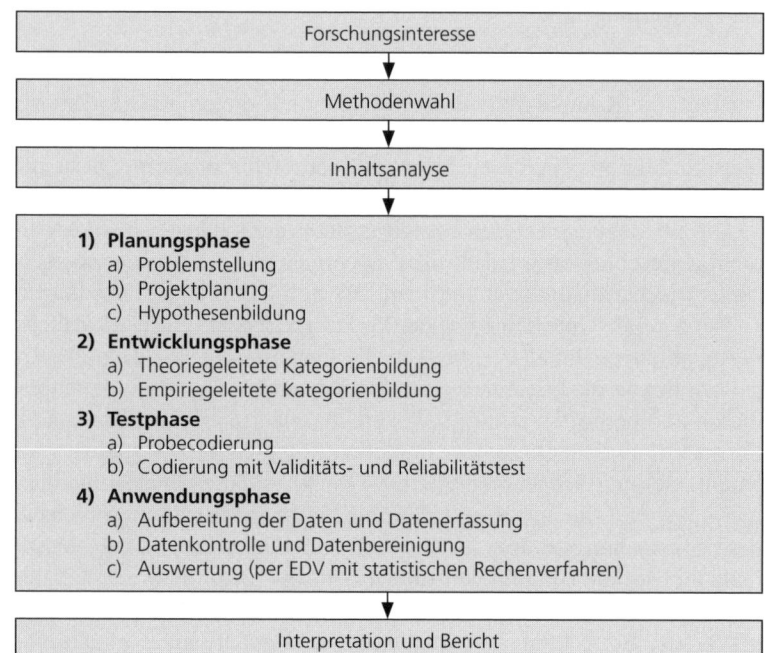

Abb. 15: Ablaufschema quantitative Inhaltsanalyse

Formen qualitativer Inhaltsanalyse Im Vergleich dazu lassen sich bei der qualitativen Inhaltsanalyse folgende Formen unterscheiden (Mayring 2010):

- **Zusammenfassung,** die das Textmaterial auf das Wesentliche reduziert.
- **Explikation,** die das Textmaterial an ausgewählten Stellen durch Hinzuziehung weiterer Informationen erweitert, erläutert und erklärt.
- **Strukturierung,** die aus dem Textmaterial bestimmte Aspekte herauskristallisiert.

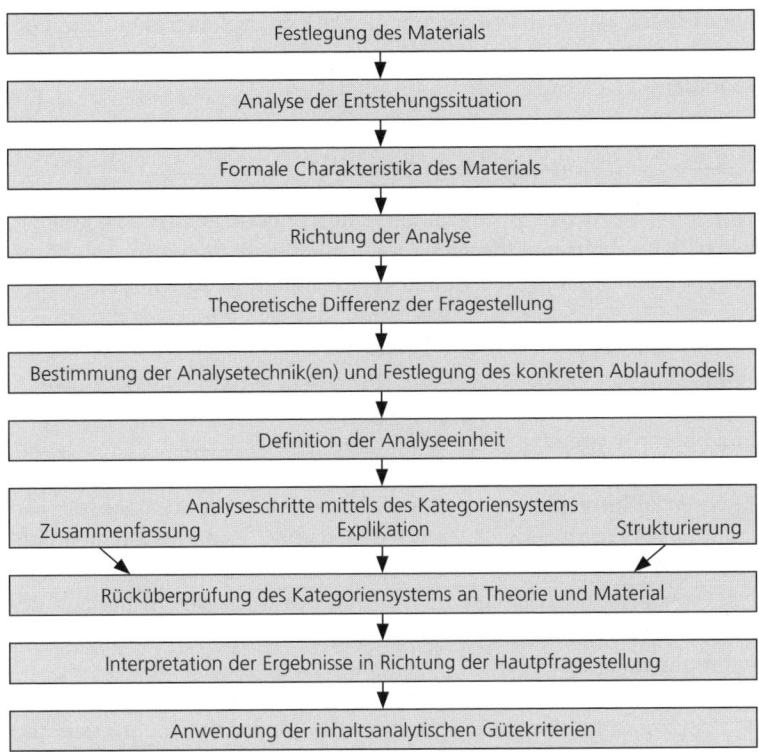

Abb. 16: Ablaufschema qualitative Inhaltsanalyse

Für diese qualitativen Ansätze hat Mayring ebenfalls ein Ablaufschema *(Abbildung 16)* entwickelt (Mayring 2010).

Ablaufschema qualitative Inhaltsanalyse

Vergleicht man die Ablaufschemata für die qualitative und die quantitative Inhaltsanalyse miteinander, werden Unterschiede, aber auch Gemeinsamkeiten deutlich.

Neben den genannten Formen der Inhaltsanalyse sind an dieser Stelle noch computerunterstützte Verfahren – auch CUI genannt – zu nennen (z. B. die Programme ATLAS/ti, MAXQDA), die bei der Inhaltsanalyse helfen können, indem die Software größere Textmengen zu verwalten hilft, Hilfsfunktionen bereitstellt (z. B. Suchen, Memos setzen), Analyseschritte speichert und nachvollziehbar macht sowie Funktionen für die Datenauswertung enthält. Es liegt auf der Hand, dass entsprechende Software eine gewisse Einarbeitungszeit mit sich bringt und auf Interpretationskompetenzen der Forschenden

computerunterstützte Verfahren

angewiesen ist. Insofern ist ein Einsatz in Abhängigkeit zur Forschungsfrage und den zur Verfügung stehenden Ressourcen zu entscheiden.

3.5.4 Methodisches Vorgehen

Um den Ansprüchen an eine empirische Methode genügen zu können, bedarf ein inhaltsanalytisches Vorgehen eines systematischen und regelgeleiteten Ablaufs, der sich in vier Phasen unterteilen lässt:

Forschungsfrage 1. **Planungsphase:** In dieser Phase der Untersuchung geht es um die Eingrenzung, Festlegung und Spezifizierung der Forschungsfrage, die im Fall einer quantitativen Inhaltsanalyse in entsprechend adäquate und überprüfbare Hypothesen überführt werden muss.

Kategoriensystem 2. **Entwicklungsphase:** In dieser Phase besteht die Aufgabe, ein Kategoriensystem zu entwickeln, mit dem das vorliegende Datenmaterial analysiert werden kann. Da das Kategoriensystem für die Inhaltsanalyse von zentraler Bedeutung ist, bildet es doch die Grundlage des Beschreibens und Interpretierens, werden im Folgenden einige Aspekte besonders erläutert:

induktives und deduktives Vorgehen
- Prinzipiell kann ein Kategoriensystem deduktiv (theoriegeleitet) oder induktiv (empiriegeleitet) entwickelt werden. Häufig wird in der Praxis sowohl deduktiv als auch induktiv vorgegangen, indem beide Wege miteinander verbunden werden. Bei einem deduktiven Vorgehen werden die Kategorien in der Auseinandersetzung mit dem Forschungsstand gewonnen. Bei einem induktiven Vorgehen werden die Kategorien aus dem vorliegenden Datenmaterial heraus gewonnen. Für die Entwicklung des Kategoriensystems müssen mehrere Schritte durchlaufen werden, die Mayring als Paraphrasierung, Generalisierung und Reduktion bezeichnet (Mayring 2010): In einem ersten Schritt wird das Datenmaterial gesichtet, redundante sowie inhaltsleere Passagen werden gestrichen (Paraphrasierung), bevor in einem zweiten Schritt jede Aussage zusammengefasst und generalisiert wird (Generalisierung). Dieser Prozess liefert verschiedene (Unter-) Kategorien, die selbst wiederum durch Streichung von bedeutungslosen Einheiten und Zusammenfassung von integrierbaren Einheiten Oberkategorien liefern (Reduktion durch Selektion und Bündelung).

- Ein Kategoriensystem soll so fein wie nötig und so grob wie möglich sein. Dies wird dadurch erreicht, dass es vollständig, exklusiv und trennscharf ist. Dabei bedeutet vollständig, dass das theoretische Konstrukt, das untersucht werden soll, durch die Kategorien möglichst weitgehend abgedeckt wird. Es sollten folglich möglichst keine Ausprägungen unberücksichtigt bleiben. Exklusiv meint, dass die Kategorien nur auf den Bereich abzielen, der auch im Fokus der Untersuchungsfrage steht. Alle anderen Bereiche, die über das Forschungsinteresse hinausgehen, sollten in einem Kategoriensystem nicht erfasst werden. Trennscharf besagt, dass die Kategorien sich in ihrer Reichweite nicht überschneiden sollten. Diese Eigenschaft eines Kategoriensystems wäre beispielsweise verletzt, wenn ein Objekt mehreren Kategorien gleichzeitig zugeordnet werden könnte. *Abbildung 17* verdeutlicht das Erläuterte.

Vollständigkeit, Exklusivität und Trennschärfe

Nicht trennscharf:

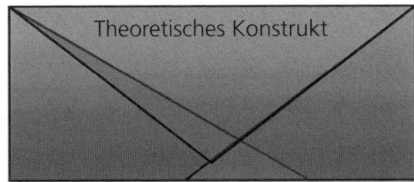

Nicht vollständig:

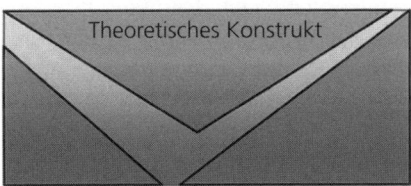

Nicht exklusiv:

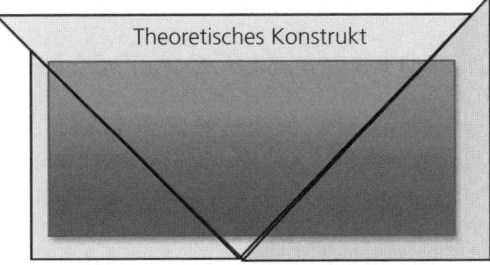

Abb. 17: Vollständigkeit, Exklusivität und Trennschärfe eines Kategoriensystems

Analyseeinheit: Mit der Festlegung des Kategoriensystems werden weitere Entschei-
Codiereinheit, dungen getroffen: Erstens wird dadurch die Frage geklärt, wie viele
Kontexteinheit, Ober- und Unterkategorien notwendig sind. Zweitens wird – vor al-
Auswertungseinheit lem im Fall einer quantitativen Inhaltsanalyse – die Skalierung festgelegt. Denn die Erhebung der Daten, das Messen der Ausprägungen mündet in ein Zählen, das entweder nominal-, ordinal- oder intervallskaliert sein kann. Und drittens werden die Analyseeinheiten festgelegt. Diese umfassen nach Mayring a) Codiereinheit, also den kleinsten Textbestandteil, der einer Kategorie zugeordnet werden kann, b) Kontexteinheit, also den größten Textbestandteil, der inhaltlich in eine Kategorie fallen darf, und c) Auswertungseinheit, also den Testkorpus insgesamt (Mayring 2010). Um bei der Auswertung, die ggf. mittels statistischer Verfahren durchgeführt wird, und Interpretation keine langwierigen Umformatierungen vornehmen zu müssen, ist es ratsam, Ober- und Unterkategorien entsprechend durchzunummerieren.

Codierhandbuch/ **3. Testphase:** Ist das Kategoriensystem fertig erstellt, wird es zentra-
Codierleitfaden ler Bestandteil des Codierhandbuchs/des Codierleitfadens – sie bilden die Grundlage für die Inhaltsanalyse. Darin sind in der Regel alle Kategorien mit Kennziffern, Definitionen und Indikatoren sowie eine Codieranweisung enthalten. Zur Erprobung des Codierhandbuchs/des Codierleitfadens erscheint es sinnvoll, bereits während der Erstellung Testläufe einzubauen. Da in der Regel nicht nur ein Codierer das Datenmaterial bearbeitet, sondern mehrere, werden diese Ergebnisse in der Arbeitsgruppe besprochen und mit der Projektleitung abgestimmt. Des Weiteren bietet es sich an, das Codierhandbuch/den Codierleitfaden nach Beendigung der Entwicklungsphase am Datenmaterial zu testen und im Hinblick auf entsprechende Gütekriterien zu überprüfen. Da diese Schritte und die damit erzielten Ergebnisse über den Wert einer Inhaltsanalyse maßgeblich entscheiden, werden sie im weiteren Verlauf (Kap. 3.5.5) gesondert und detailliert erläutert.

4. Anwendungs- und Auswertungsphase: In dieser Phase erfolgt die Codierung und Analyse des Datenmaterials mit anschließender Interpretation. Voraussetzung hierfür ist, dass sowohl das Datenmaterial als auch das Codierhandbuch/der Codierleitfaden bereits für den Einsatz aufbereitet sind. Im Fall des Datensatzes ist es beispielsweise notwendig, entsprechende Vorstrukturierungen zu treffen und beispielsweise die Codiereinheiten durchzunummerieren. Im Fall des Codierhandbuches/des Codierleitfadens hat es sich als hilfreich erwiesen, elektronische

Codierbögen zu entwerfen, auf denen mindestens der Name des Codierers, das Kennzeichen des analysierten Datensatzes, die Kurzzeichen der Kategorien und die Codierungen selbst aufgeführt sind. Als Grundsatz ist dabei zu beachten, dass für jeden Datensatz nur eine Zeile zur Verfügung steht und Codierungen nummerisch vorzunehmen sind. Dies erleichtert die spätere Auswertung der erhobenen Daten. Im Fall eines quantitativen Vorgehens werden unterschiedliche statistische Verfahren zur Berechnung beispielsweise des Mittelwertes, der Variabilitätsmaße und der Korrelationsmaße sowie Signifikanztests durchgeführt. Diese werden in *Kapitel 4* näher erläutert. Basierend auf den Ergebnissen der Codierungen lassen sich schließlich im Hinblick auf die Untersuchungsfrage entsprechende Schlüsse ziehen und Interpretationen anstellen.

3.5.5 Gütekriterien

Es versteht sich eigentlich von selbst, dass ein inhaltsanalytisches Vorgehen als empirische Methode zu den Gütekriterien Stellung nehmen muss. Insofern ist es doch immer wieder überraschend, wie häufig in Forschungsstudien Ungenauigkeiten oder gar Versäumnisse in diesem Zusammenhang zu finden sind. Dies mag daran liegen, dass mit der Bearbeitung dieser Fragen ein nicht unerheblicher Arbeits- und Zeitaufwand verbunden ist. Allerdings ist ohne eine entsprechende Auskunft jedes empirische Ergebnis wertlos.

Mit Blick auf die Differenzierung zwischen qualitativer und quantitativer Inhaltsanalyse ergeben sich verschiedene Gütekriterien, die inhaltlich zwar eine gewisse Nähe aufweisen, sich jedoch in ihrer Logik auch unterscheiden. Zentrales Argument hierfür ist darin zu sehen, dass von den Vertretern beider Lager die Position eingenommen wird, dass für jede Methode selbst adäquate Kriterien festzulegen sind.

Für die qualitative Inhaltsanalyse nennt Mayring sieben Kriterien (Mayring 2010): **Gütekriterien qualitative Inhaltsanalyse**

- **Verfahrensdokumentation:** Hierbei geht es um die größtmögliche Transparenz des eigenen Vorgehens im Hinblick auf alle Arbeitsphasen. Diese lässt sich durch eine möglichst umfassende und bis ins letzte Detail reichende Dokumentation erzielen.
- **Argumentative Interpretationsabsicherung:** Interpretationen lassen sich nicht beweisen und müssen deshalb argumentativ abgesichert werden. Insofern ist darauf zu achten, dass die eigene Gedankenführung begründet, widerspruchsfrei und schlüssig ist. Der Versuch, die eigene Gedankenführung zu widerlegen, kann hierfür hilfreich sein.

- **Regelgeleitetheit:** Auch wenn ein qualitatives Vorgehen Offenheit im Hinblick auf das Forschungsergebnis mit sich bringt, das Vorgehen selbst darf deshalb nicht beliebig sein. Insofern sind eine Systematik und eine Orientierung an Regeln notwendig.
- **Nähe zum Gegenstand:** Da es ein Ziel der qualitativen Inhaltsanalyse ist, gerade die latenten Bedeutungen zu erfassen, ist eine möglichst enge Anknüpfung an die Alltagswelt des Forschungsgegenstandes notwendig.
- **Kommunikative Validierung:** Die Gültigkeit der eigenen Interpretation lässt sich validieren, indem die eigenen Ergebnisse mit den Beforschten nochmals besprochen und diskutiert werden. Wenn es hierbei zu Übereinstimmungen kommt, dann können die Ergebnisse in diese Richtung abgesichert werden.
- **Reproduzierbarkeit:** Mit diesem Anspruch ist die Forderung verbunden, inwieweit die Analyse, sofern sie durch andere Codierer durchgeführt wird, zu demselben Ergebnis kommt. In der quantitativen Inhaltsanalyse wird in diesem Zusammenhang von Reliabilität gesprochen, auf die später nochmals genauer eingegangen wird.
- **Triangulation:** Dieses Kriterium bezeichnet den Versuch, bewusst unterschiedliche Lösungswege zu entwerfen und die dadurch gewonnenen Ergebnisse miteinander zu vergleichen. Auf diesem Weg lassen sich Gemeinsamkeiten und Unterschiede sowie Stärken und Schwächen der gewählten Methode sichtbar machen. Neben dieser Triangulation innerhalb einer Methode lässt sich eine Triangulation zwischen Methoden durchführen, in der beispielsweise qualitativ gewonnene Ergebnisse einer Quantifizierung unterzogen werden.

Gütekriterien quantitative Inhaltsanalyse

Für die quantitative Inhaltsanalyse werden in der Literatur die „klassischen" Gütekriterien angeführt. In Anlehnung an Werner Früh lassen sie sich folgendermaßen interpretieren (Früh 2010):

- **Objektivität,** also die Unabhängigkeit vom Forscher, kann mithilfe einer möglichst genauen Transparenz und klaren Systematik gewährleistet werden. Transparenz und Systematik im Vorgehen ermöglichen es prinzipiell jedem, eine Untersuchung erneut durchzuführen. Das bereits angesprochene Codierhandbuch ist hierfür die beste Basis.
- **Reliabilität,** also die Zuverlässigkeit der Untersuchung, ist für viele die Schlüsselfrage einer Inhaltsanalyse. Zum Nachweis der Reliabilität gibt es unterschiedliche Verfahren, die sich im Hinblick auf Komplexität und Aussagekraft unterscheiden. Ihnen allen gemein ist, dass sie eine Maßzahl zu errechnen versuchen, die darüber Aus-

kunft gibt, wie zuverlässig und präzise die Codierung ist. Dazu kann entweder ein Codierer in einem zeitlichen Abstand denselben Datensatz erneut codieren (Intra-Coder-Reliabilität) oder es können zwei Codierer denselben Datensatz parallel codieren (Inter-Coder-Reliabilität). In beiden Fällen wird mittels Formel der Grad der Übereinstimmung errechnet. Da in der Literatur kein Konsens über die Möglichkeiten und Grenzen des Einsatzes bestehen, werden im Folgenden die zwei wichtigsten kurz angesprochen:

– Erstens der Reliabilitätstest nach Holsti, indem die Codierungen miteinander verglichen werden, ohne die Reihenfolge der Codierungen und zufällige Übereinstimmungen zu berücksichtigen (Holsti 1969): **Reliabilitätstest nach Holsti**

$$C_R = \frac{2 \times C_{\ddot{u}}}{C_A + C_B}$$

(Erklärung: $C_{\ddot{u}}$ als Anzahl der übereinstimmenden Codierungen, C_A als Anzahl der Codierungen von Codierer A, C_B als Anzahl der Codierungen von Codierer B, C_R als Reliabilitätskoeffizienten)

– Zweitens der Reliabilitätstest zur Errechnung von Cohens Kappa, indem die Codierungen miteinander verglichen und die Reihenfolge der Codierungen sowie zufällige Übereinstimmungen berücksichtigt werden: **Reliabilitätstest nach Cohen**

$$\kappa = \frac{p(\ddot{u}) - p(e)}{1 - p(e)}$$

(Erklärung: p(ü) als Anteil der Übereinstimmenden Codierungen, p(e) als zufällig erwartete Übereinstimmung (ergibt sich aus der Kreuztabellierung der Beobachtungen zweier Codierer), κ als Reliabilitätskoeffizienten)

– Für beide Koeffizienten gilt: Liegt der errechnete Wert über .6 spricht man von einer „guten" und über .8 von einer „sehr guten" Reliabilität (Hedderich/Sachs 2012, 667). Werden demgegenüber Werte unter .6 erreicht, so wird empfohlen, das Kategoriensystem zu überarbeiten. Als Richtwert für die Datenmenge einer Reliabilitätsprüfung werden mindestens zehn Prozent des Datensatzes oder mindestens 30 Nennungen pro Variable genannt (Früh 2011). Mayring spricht hier, wie weiter oben dargelegt wurde, sinngemäß von „Reproduzierbarkeit" (Mayring 2010).

- **Validität:** Wird das gemessen, was gemessen werden soll? Dies ist die klassische Frage der Validität, also der Gültigkeit einer empirischen Methode. Grundsätzlich geht es folglich darum, zu prüfen, ob das theoretische Konstrukt, auf dem die Untersuchungsfrage aufbaut, von der Inhaltsanalyse erfasst wird. Zur Überprüfung der Validität ist somit die Position des Projektleiters wichtig, da dieser in der Regel den theoretischen Hintergrund benennt und die Untersuchungsfrage formuliert. Wenn der Projektleiter ebenso wie ein Codierer eine adäquate Menge des Datensatzes bearbeitet, dann lässt sich mithilfe der angesprochenen Reliabilitätstests ein entsprechender Koeffizient für die Validität der Inhaltsanalyse berechnen, der durchaus um weitere statistische Verfahren ergänzt und erweitert werden kann. Die Entscheidung hierüber ist, ähnlich wie bei der Reliabilität, abhängig vom Datensatz und den zur Verfügung stehenden Ressourcen.

3.5.6 Grenzen und Kritik

Gerade in der Auseinandersetzung mit den Fragen nach den Gemeinsamkeiten und Unterschieden der qualitativen und quantitativen Inhaltsanalyse wurden bereits einige Kritikpunkte angesprochen: Wird es häufig als Nachteil einer quantitativen Inhaltsanalyse gesehen, dass sie nur die manifesten Bedeutungen einer Mitteilung erheben kann, so existieren Vorteile der qualitativen Inhaltsanalyse, dass sie bei einer konsequenten Umsetzung auch latente Sinnzusammenhänge erforschen kann. Demgegenüber wird der qualitativen Inhaltsanalyse der Vorwurf mangelnder Verallgemeinerbarkeit gemacht, während hier die quantitative Inhaltsanalyse offenbar eher überzeugt. Was sich aus dieser Gegenüberstellung festhalten lässt, ist die Forderung, dass bei einer Inhaltsanalyse – egal ob qualitativ oder quantitativ – regelgeleitet und nachprüfbar vorgegangen werden muss und die Grenzen und die Verallgemeinerbarkeit der Ergebnisse angegeben werden müssen.

3.5.7 Checkliste

Hilfen für den Interpreten Wenn es im Folgenden darum geht, eine Checkliste für ein inhaltsanalytisches Vorgehen in der Erziehungswissenschaft zu formulieren, dann nicht mit der Intention, eine Technologie bereitzustellen. Vielmehr verstehen sich diese Regeln als Hilfestellung bei der Umsetzung einer Inhaltsanalyse. Sie stehen in einem direkten Zusammenhang zu den zentralen Elementen eines inhaltsanalytischen Vorgehens, wie es weiter oben erläutert wurde (Früh 2011; Mayring 2010):

1. **Formulierung der Untersuchungsfrage**
   - Erschließung des Forschungsfeldes
   - Aufstellen von Hypothesen bei einem quantitativen Vorgehen

2. **Hinterfragen eines inhaltsanalytischen Vorgehens**
   - Kritische Prüfung
   - Wahl des Ansatzes (formal-deskriptiv, diagnostisch oder prognostisch)
   - Wahl der Form (quantitatives Vorgehen): Frequenzanalyse, Valenzanalyse, Intensitätsanalyse oder Kontingenzanalyse
   - Wahl der Form (qualitatives Vorgehen): Zusammenfassung, Explikation oder Strukturierung

3. **Festlegung des zu analysierenden Datenmaterials**
   - Abhängigkeit zur Untersuchungsfrage
   - Abhängigkeit zu den Ressourcen

4. **Erarbeitung eines Kategoriensystems**
   - Induktiv und/oder deduktiv
   - Vollständigkeit, Exklusivität und Trennschärfe

5. **Erstellung eines Codierhandbuches/Codierleitfadens**
   - Entwicklung eines Kategoriensystems
   - Codieranweisung
   - Codierbögen

6. **Überprüfung des Kategoriensystems**
   - Überprüfung der Gütekriterien
   - Überarbeitung des Codierhandbuches/Codierleitfadens

7. **Codierung des Datenmaterials**

8. **Aufbereitung der Daten und ggf. statistische Auswertung**

9. **Interpretation der Auswertung**

3.5.8 Beispiel

Entsprechend der Unterschiede in der konkreten Umsetzung bei einer qualitativen und einer quantitativen Inhaltsanalyse werden im Folgenden zwei Beispiele vorgestellt:

Das erste Beispiel ist zur wichtigen Aufgabe der Kategorienfindung und von Mayring (2003, 64). In *Tabelle 3* sind die Schritte der Paraphrasierung, Generalisierung und Reduktion eines Interviews mit einer arbeitslosen Lehrkraft dargestellt.

Tab. 3: Beispiel zur Kategorienfindung (Mayring 2003, 64)

Fall	S.	Nr.	Paraphrase	Generalisierung	Reduktion
A	119	1	Keine psychische Belastung durch Praxisschock gehabt.	Kein Praxisschock.	K 1: Praxis nicht als Schock, sondern als großen Spaß erlebt wegen: • vorheriger Lehrerfahrung; • Landschule ohne Disziplinschwierigkeiten; • keine unrealistischen Erwartungen gehabt; • gute Beziehung zu Schülern gehabt. K 2: Ohne diese Bedingungen Praxisschock schon denkbar.
A	119	2	Im Gegenteil, ganz begierig auf Praxis gewesen.	Eher auf Praxis gefreut.	
A	119	3	Uni = reines Fachstudium, hat mit Lehren wenig zu tun.	An Uni wird keine Lehrerfahrung vermittelt.	
A	119	4	Konnte schon vorher Praxiserfahrungen sammeln.	Schon vorher Lehrerfahrung.	
A	119	5	Praxis hat großen Spaß gemacht.	Praxis hat Spaß gemacht.	
A	119	6	War stofflich einfach und faszinierend für die Schüler.	Gut vermittelbarer Stoff als Bedingung.	
A	119	7	Drauf gewartet, endlich zu unterrichten.	Auf Praxis gefreut.	
A	119	8	Es gibt schon auch Enttäuschungen, dass die Schüler nicht so sind, wie man meint.	Schon auch Enttäuschungen.	
A	119	9	Praxisschock war es bestimmt nicht.	Kein Praxisschock.	

Das zweite Beispiel ist ein Auszug aus einem Forschungsprojekt von Zierer et al. (2013), die darin das Publikationsaufkommen in deutsch- und englischsprachigen Zeitschriften der Erziehungswissenschaft in den Jahren 2001 bis 2009 analysierten. In *Tabelle 4* sind die Ergebnisse mit Blick auf das Geschlecht der Autoren und die methodische Ausrichtung der Artikel zusammengestellt.

Tab. 4: Zusammenhang zwischen Geschlecht und methodische Ausrichtung ($\chi^2 = 99{,}720$; df = 1; N = 3247; p = 0,001) (Zierer et al. 2013)

Methodische Ausrichtung	Geschlecht der Autoren		Gesamt
	männliche	weibliche	
nicht-empirisch	814 (44 %)	377 (27 %)	1191 (37 %)
empirisch	1035 (56 %)	1021 (73 %)	2056 (63 %)
Gesamt	1849 (100 %)	1398 (100 %)	3247 (100 %)

3.5.9 Übungsaufgaben

Auch im Fall der Übungsaufgaben wird sowohl die qualitative als auch die quantitative Inhaltsanalyse mit einer Aufgabe bedient:

Aufgabe 1 In *Tabelle 5* ist eine Sequenz aus einem Interview abgedruckt, in dem ein Schüler zu seinem Umgang mit Hausaufgaben befragt wurde. Führen Sie die Schritte der Generalisierung und der Reduktion durch.

Aufgabe 2 Um die Frage zu klären, wie häufig in einem Buch Frauen oder Männer als Beispiele in Schulbuchtexten auftauchen, könnte eine Frequenzanalyse helfen. Nehmen Sie sich hierzu ein Schulbuch und analysieren Sie die Häufigkeiten weiblicher und männlicher Beispiele.

Tab. 5: Interviewsequenz

Frage	Paraphrasierung	Generalisierung	Reduktion
...	...	...	
Was machst du, wenn du etwas nicht kannst?	Dann frag ich Mama, wenn ich Hilfe brauche.		
	Oder auch meinen Bruder, der kann mir ja auch helfen.		
	Sonst würde ich in meinem Heft nachgucken oder in das, was wir schon hatten, wenn ich was nicht wüsste.		
Guckst du oder jemand anderes deine Hausaufgaben nach?	Ich guck die fast immer nach.		
	Manchmal guckt auch meine Mutter nach.		
Hast du eine Reihenfolge bei den Hausaufgaben?	Ich mach z. B. Lesen zuerst, weil das schnell geht, und dann die anderen Aufgaben.		
Wie übst du für einen Test?	Mama oder Papa geben mir dann Aufgaben zum Üben.		
	Das, was ich nicht so gut kann, muss ich noch mal in Ruhe üben und das noch ein paar Mal angucken.		
Wenn ihr als Hausaufgaben einen Text lesen sollt, wie machst du das?	Ich les den Text laut, um ihn zu üben.		

▼

Frage	Paraphrasierung	Generalisierung	Reduktion
Nimmst du dir manchmal vor, wie lange eine Aufgabe dauern soll?	Dann guck ich, wozu ich wie lang brauch und teil mir das so ein. Das klappt auch immer.		
Denkst du bei deinen Hausaufgaben manchmal an Sachen, die ihr im Unterricht gemacht habt?	Bei manchen Aufgaben denk ich dran, wie wir das in der Schule gemacht haben, und dann weiß ich das ganz schnell.		
Was machst du, wenn du einen Fehler machst?	Wenn ich einen Fehler mache, dann versuche ich, den zu korrigieren, und mache dann weiter.		
Was machst du bei einer schwierigen Aufgabe?	Bei schwierigen Aufgaben hol ich meine Mutter oder meinen Bruder.		
Sind die Hausaufgaben immer richtig, wenn du dich anstrengst?	Wenn ich mich anstrenge, sind die H. A. meistens richtig.		
…	…	…	

3.5.10 Literaturempfehlungen

Zu den Klassikern für die quantitative Inhaltsanalyse zählt:

Früh, W. (2011): Inhaltsanalyse. UVK, Konstanz

Für die qualitative Inhaltsanalyse ist folgendes Buch zu nennen:

Mayring, P. (2010): Qualitative Inhaltsanalyse – Grundlagen und Techniken. 11. Aufl. Beltz, Weinheim

4 Statistische Verfahren

Statistische Verfahren werden in der erziehungswissenschaftlichen Forschung eingesetzt, wenn es um die systematische Auswertung quantitativen Datenmaterials geht. In diesem Kapitel werden zentrale statistische Verfahren erläutert *(Kap. 4.3 – 4.5)*. Dabei wird sowohl auf die angemessene Vorgehensweise als auch auf die notwendige Datenqualität als Voraussetzung für die jeweiligen Verfahren eingegangen. Es folgen Beispiele, die die Darstellungen illustrieren. Anhand eines fiktiven Beispiels können statistische Vorgehensweisen geübt werden. Das Kapitel schließen eine Checkliste *(Kap. 4.8)*, Übungsaufgaben *(Kap. 4.9)* und Literaturempfehlungen *(Kap. 4.10)* ab.

> **Wenn Sie dieses Kapitel durchgearbeitet haben, sollten Sie wissen,**
> 1. was unter statistischen Verfahren zu verstehen ist,
> 2. welche zentralen univariaten und bivariaten statistischen Verfahren unterschieden werden und
> 3. welches die zentralen methodischen Schritte eines statistischen Vorgehens sind.

4.1 Einleitung

Definition:
Statistische Analysen erlauben es, in großen Datenmengen Strukturen und Ordnung zu erkennen. Die meisten Verfahren zielen auf eine strukturierte Beschreibung des Datenmaterials ab. Fragen nach Zusammenhängen zwischen einzelnen Merkmalen (wie z. B. nach Zusammenhängen zwischen Intelligenz und Schulerfolg) und nach Differenzen zwischen Gruppen (z. B. nach der unterschiedlichen Lernmotivation von Mädchen und Jungen) stehen dabei im Vordergrund. Ziel kann eine Beschreibung des Datenmaterials sein (deskriptive Statistik) oder die Prüfung von Hypothesen (Inferenzstatistik).

Struktur und Ordnung

Um die im Folgenden vorgestellten Begriffe und Verfahren zu veranschaulichen, werden diese anhand eines Beispiels aus dem Schulalltag erläutert. Der hier vorgestellte fiktive Datensatz ist dabei wesentlich kleiner und einfacher als die Datensätze, die in großen Forschungsprojekten mithilfe von Statistikprogrammen (z. B. SPSS, HLM, R) ausgewertet werden, zur Illustration von Grundbegriffen und grundlegenden statistischen Verfahren ist er jedoch gut geeignet.

In einer fünften Schulklasse mit 20 Kindern (10 Mädchen und 10 Jungen) interessiert sich die Klassenlehrerin für die vorangegangenen Noten ihrer Schülerinnen und Schüler in den Fächern Deutsch und Mathematik. Zudem hat sie sich einen Überblick über den familiären Hintergrund der Kinder verschafft. Dazu hat sie das Bildungsniveau beider Elternteile erfragt. Nachdem die Kinder Noten in einem Deutschaufsatz bekommen haben, soll jedes einzelne Kind einschätzen, ob es diese Note, eine bessere oder eine schlechtere Note erwartet hatte. Die Informationen trägt die Lehrerin in eine Tabelle *(Tabelle 6)* ein.

Tab. 6: Fiktive Daten einer Schulklasse

Nr.	Geschlecht	Eltern	Deutschnote	Mathenote	Aufsatznote	Selbst
1	1	1	3	3	3	0
2	1	3	1	3	2	0
3	1	2	2	2	3	-1
4	1	3	2	1	2	0
5	1	2	4	3	3	1
6	1	2	2	4	3	-1
7	1	2	2	2	1	-1
8	1	2	3	3	2	1
9	1	1	4	5	3	-1
10	1	2	3	4	4	0
11	2	2	6	3	4	1
12	2	1	4	3	5	-1
13	2	2	3	2	4	1
14	2	2	2	3	1	0
15	2	3	1	1	1	0
16	2	2	3	4	4	-1
17	2	2	5	3	5	-1
18	2	2	3	2	3	0
19	2	1	4	2	4	0
20	2	2	5	3	4	-1

Anmerkungen: Geschlecht: 1 = weiblich, 2 = männlich; Eltern: 1 = nicht-akademischer Hintergrund, 2 = akademischer Hintergrund bei einem Elternteil, 3 = akademischer Hintergrund bei beiden Elternteilen; Selbst: -1 = Selbsteinschätzung besser, 0 = Selbsteinschätzung übereinstimmen, 1 = Selbsteinschätzung schlechter

4.2 Wichtige statistische Begriffe

Bei der Betrachtung von *Tabelle 6* wird deutlich, dass alle Daten in Form von Zahlen verschlüsselt sind. Das ist bei den Noten nachvollziehbar, bei den anderen Informationen erleichtert dies die statistische Weiterverarbeitung. Wichtig dabei ist, dass die Zuordnung von Informationen zu Zahlen eindeutig ist: Jeder Merkmalseinschätzung ist genau eine Zahl zugeordnet.

Quantifizierung

4.2.1 Merkmale und Variablen

Eine zentrale Voraussetzung statistischer Analysen ist das Vorliegen quantifizierter Daten. Die interessierenden Merkmale müssen also in irgendeiner Form messbar sein. Als Variablen werden dabei Merkmale von Objekten oder Personen bezeichnet, die mindestens zwei Ausprägungen annehmen können (Sedlmeier/Renkewitz 2013). Dabei wird zwischen sogenannten „abhängigen Variablen" (AVs) und „unabhängigen Variablen" (UVs) unterschieden. Abhängige Variablen werden manchmal auch als Ergebnisvariablen oder Kriteriumsvariablen (Eid et al. 2010, 111) bezeichnet. Sie sollen in der jeweiligen Untersuchung vorhergesagt werden. Es wird vermutet, dass ihre Ausprägung von der Ausprägung der unabhängigen Variable abhängig ist oder von ihr beeinflusst wird (McQueen/Knussen 2013). Veränderungen der abhängigen Variablen werden durch Veränderungen der unabhängigen Variablen vorhergesagt (Bortz/Döring 2006), deshalb werden die unabhängigen Variablen auch häufig *Prädiktoren* genannt.

> **Definition:**
> „Das **Messen** einer Variablen ist die Zuordnung von Zahlen zu den einzelnen Fällen" (Zöfel 2003, 18).

Messen

Wichtig ist es dabei, dass die Zuordnung eindeutig ist, das heißt, dass jedem Fall genau eine Zahl pro Variable zugeordnet wird.

Schon bei der Frage des familiären Hintergrundes im vorliegenden Beispiel ist die Messung nicht ganz einfach. In manchen Studien wird der familiäre Hintergrund durch das Haushaltseinkommen bestimmt, in anderen Untersuchungen über die Zahl der Bücher, die in einem Haushalt existieren. In unserem Beispiel hat die Lehrerin erfragt, ob mindestens ein Elternteil einen akademischen Hintergrund (Universitäts- oder Fachhochschulabschluss) hat oder nicht. Hatte kein Elternteil einen akademischen Abschluss, wurde dem entsprechenden Kind bei der Variable „Eltern" eine 1 zugeordnet, hatte ein Elternteil des

Kindes einen Universitäts- oder Fachhochschulabschluss, wurde eine 2 zugeordnet. Wenn beide Elternteile einen akademischen Hintergrund hatten, wurde dem Kind eine 3 zugeordnet.

4.2.2 Skalen und Skalierungen

Definition:
„Durch eine **Skala** werden Untersuchungsobjekten nach bestimmten Regeln Zahlen zugeordnet" (Eid et al. 2010, 75).

Skalenniveaus Skalen unterscheiden sich hinsichtlich ihrer Komplexität. Deshalb wird von verschiedenen Skalenniveaus gesprochen. Die Entscheidung, welches statistische Verfahren für die Auswertung der Daten angemessen ist, hängt von dem jeweils vorliegenden Skalenniveau ab. Meist werden vier Skalenniveaus unterschieden:

Kategorien **1. Nominalskala:** Bei der Nominalskala werden Merkmalsausprägungen definierten Kategorien zugeordnet. Die Kategorienzuordnung muss eindeutig sein, die Kategorien dürfen sich nicht überschneiden. Typische Beispiele für Nominalskalen sind die Variablen „Geschlecht" oder „Familienstand". Bei statistischen Analysen mit nominalskalierten Daten werden ausschließlich Informationen über die Häufigkeit der verschiedenen Merkmalsausprägungen genutzt.

Im vorher genannten Beispiel ist die Variable Geschlecht nominal skaliert. Anhand der Datenmatrix kann gesagt werden, dass gleich viele Jungen wie Mädchen die Klasse besuchen.

Rangreihe **2. Ordinal- oder Rangskala:** Bei der Ordinal- oder Rangskala lassen sich die Merkmalsausprägungen in eine Rangreihe bringen. Die Rangplätze beziehen sich beispielsweise auf Größe, Länge, Intensität oder Qualität der Merkmalsausprägungen. Die Differenzen zwischen zwei Merkmalsausprägungen können jedoch unterschiedlich groß sein.

In den Sozialwissenschaften wird für viele Messungen Intervallskalenniveau angenommen. Werden z. B. bei Zeugnisnoten die Einzelnoten von Klassenarbeiten und mündlichen Noten gemittelt, wird damit implizit angenommen, dass die Notenmessung auf Intervallskalenniveau erfolgt (Diekmann 2007). Diese Zuordnung ist durchaus strittig. Eid et al. (2010) gehen davon aus, dass nur Ordinalskalenniveau bei der Benotung vorliegt, da beispielsweise der Abstand zwischen einer Zwei und einer Drei als weniger groß empfunden wird als der Abstand zwischen einer Vier und einer Fünf.

Typische Beispiele für **ordinalskalierte Daten** sind beispielsweise die Variablen „Schulbildung" oder „Tabellenplätze in der Fußballbundesliga". Werden rangskalierte Daten statistisch ausgewertet, sind nur Verfahren zulässig, die die Rangreihe der Messwerte erhalten (Sedlmeier/Renkewitz 2013). Eine Durchschnittsberechnung (z. B. über einen Mittelwert) ist dagegen nicht zulässig.

Ein Beispiel für eine **Rangskala** ist die Variable „Eltern" im fiktiven Beispiel. Der familiäre Bildungshintergrund wird hier dreistufig gemessen: nicht-akademisch, ein Elternteil akademisch, beide Elternteile akademisch, wobei die Qualität des elterlichen Bildungshintergrundes aufsteigend codiert ist.

3. Intervallskala: Intervallskalierte Daten lassen sich nicht nur in eine Rangreihe bringen, sondern es wird auch davon ausgegangen, dass die Abstände oder Differenzen zwischen den einzelnen Merkmalsausprägungen gleich groß sind. Der Nullpunkt einer Intervallskala kann willkürlich festgelegt werden.   **gleiche Abstände**

Als typisches Beispiel für eine Intervallskala wird häufig die Temperaturskala angeführt, bei der der Nullpunkt willkürlich festgelegt ist (Celsius, Fahrenheit). Daten mit Intervallskalenqualität erlauben lineare Transformationen. So lässt sich z. B. die Gradzahl in Fahrenheit über eine lineare Transformation in die Gradzahl in Celsius überführen (Fahrenheit = Celsius x 1.8 + 32). Die Berechnung eines Mittelwertes ist bei Intervallskalen sinnvoll (Sedlmeier/Renkewitz 2013).

Um den fiktiven Datensatz als Beispiel gut nutzen zu können, wird im Folgenden angenommen, dass den Noten in unseren Beispieldaten Intervallskalenniveau zugrunde liegt. Im Schulalltag ist es durchaus üblich, Durchschnittswerte von Noten zu berechnen und diese zum Beispiel mit dem Klassenspiegel mitzuteilen. Auch bei der Zulassung zu Studiengängen spielen vielfach Durchschnittsnoten eine zentrale Rolle. Schon die Berechnung von solchen Durchschnittsnoten ist nur möglich, wenn dabei vom Intervallskalenniveau der Notenskala ausgegangen wird.

4. Verhältnisskala: Verhältnisskalen setzen gleiche Abstände zwischen den Merkmalsausprägungen und einen inhaltlich bedeutungsvollen, absoluten Nullpunkt voraus, dem als Messpunkt auch die Null zugewiesen wird. Verhältnisskalen finden sich häufig in der Physik, zum Beispiel wenn es um die Messung von Längen, Zeitabschnitten oder Gewichten geht (Sedlmeier/Renkewitz 2013). In sozial- oder erziehungswissenschaftlichen Kontexten kommen Verhältnisskalen fast nicht vor. Da die meisten statistischen Verfahren nur Intervallskalenniveau voraussetzen (eine Ausnahme ist die Berechnung des geometrischen Mittels), ist der Mangel an verhältnisskalierten Daten unproblematisch.   **absoluter Nullpunkt**

4.3 Univariate Deskriptivstatistik

Daten einer Variable Bei der univariaten Deskriptivstatistik werden die Daten einer ausgewählten Variable geordnet, zusammengefasst und ggf. veranschaulicht. Zur Illustration werden häufig Grafiken herangezogen (z. B. Balkendiagramme oder Kuchendiagramme).

4.3.1 Häufigkeiten

Eine einfache Möglichkeit, die Daten einer Variablen zu beschreiben, ist die Häufigkeitsverteilung der Ausprägungen. Dabei wird zwischen absoluten, relativen und prozentualen Häufigkeiten unterschieden.

Zur Bestimmung der absoluten Häufigkeiten werden die Zuordnungen pro Merkmalsausprägung oder Kategorie gezählt. Bei der relativen Häufigkeit werden die Zuordnungen zu einer Kategorie auf die Gesamtzahl der Fälle bezogen und die prozentualen Häufigkeiten ergeben sich aus den relativen Häufigkeiten multipliziert mit 100.

Aus dem fiktiven Beispiel wird die Variable „Eltern" gewählt, um die Häufigkeitsverteilung zu veranschaulichen *(Tabelle 7)*. Anhand dieser Tabelle kann nun der Modalwert abgelesen werden, das ist die Kategorie, die am häufigsten besetzt ist (vgl. *Kap. 4.3.2*). In unserem Beispiel ist die Kategorie 2 (ein Elternteil mit akademischem Hintergrund) am häufigsten besetzt. Der Modalwert ist also in diesem Beispiel 2.

Zur Veranschaulichung der Daten kann eine Grafik (z. B. ein Balkendiagramm oder ein Kreisdiagramm dienen: *Abb. 18*).

Tab. 7: Häufigkeitsverteilung der Variable „Eltern" (=familiärer Hintergrund der Schülerinnen und Schüler) der fiktiven Beispielklasse

Familiärer Hintergrund	Häufigkeit	Relative Häufigkeit	Prozentuale Häufigkeit
kein Elternteil mit akademischem Hintergrund	4	0,2	20 %
ein Elternteil mit akademischem Hintergrund	13	0,65	65 %
beide Eltern mit akademischem Hintergrund	3	0,15	15 %
Gesamt	20	1	100 %

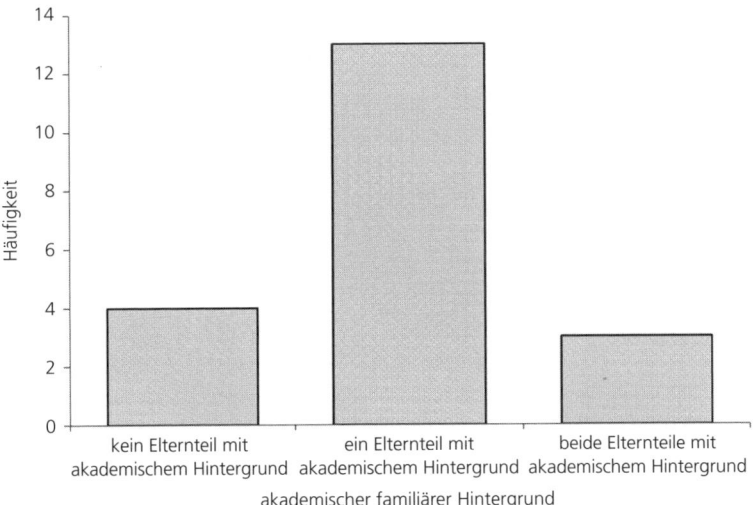

Abb. 18: Häufigkeitsverteilung der Variablen „akademischer familiärer Hintergrund" im Balkendiagramm

4.3.2 Lagemaße

Die sogenannten Lagemaße geben einen guten Überblick über die typischen Ausprägungen einer Variablen. Zentrale Tendenzen werden mit diesen Lagemaßen verdeutlicht. Die wichtigsten Lagemaße sind der Modalwert, der Median und der Mittelwert (Sedlmeier/Renkewitz 2013).

- Der Modalwert (manchmal auch als Modus bezeichnet) wurde oben bereits angesprochen. Es ist derjenige Wert, der in einer Verteilung am häufigsten vorkommt. Der Modus kann schon bei nominalskalierten Daten ermittelt werden. „Der große Vorteil des Modus besteht darin, dass man ihn ohne viel Rechenaufwand erkennt" (Eid et al. 2010, 126). **Modalwert/Modus**
- Der Median teilt die ermittelten Messwerte in zwei Hälften. Jeweils 50 Prozent aller Werte liegen oberhalb, die anderen 50 Prozent der Messwerte liegen unterhalb des Medians. Die Bestimmung des Medians erfordert mindestens ordinalskalierte Daten. Zur Berechnung des Medians werden die Messwerte der Größe nach geordnet und in zwei Hälften geteilt. Dann wird durch Auszählen derjenige Wert bestimmt, unterhalb und oberhalb dessen (n-1)/2 Fälle liegen. Leider unterscheiden sich Statistikprogramme und Lehrbücher in der Bestimmung des Medians. Man kann also mit den gleichen **Median**

Tab. 8: Häufigkeitsverteilung der Variable „Mathenote" der fiktiven Beispielklasse

Mathenote	Häufigkeit	Relative Häufigkeit	Prozentuale Häufigkeit
1 = sehr gut	2	0,10	10 %
2 = gut	5	0,25	25 %
3 = befriedigend	9	0,45	45 %
4 = ausreichend	3	0,15	15 %
5 = mangelhaft	1	0,05	5 %
6 = ungenügend			
Gesamt	20	1	100 %

Daten je nach Programm oder Lehrbuch unterschiedliche Mediane erhalten (Eid et al. 2010, 111).

Mittelwert • Mittelwerte, manchmal auch Durchschnittswerte genannt, sind wohl die bekanntesten Lagemaße. Ihre Berechnung erfordert mindestens Intervallskalenniveau. Um den Mittelwert einer Verteilung zu bestimmen, werden alle vorliegenden Messwerte einer Variablen addiert und durch die Anzahl der Messungen geteilt.

Um die Lagemaße zu verdeutlichen, wird die Häufigkeitsverteilung der Variable „Mathenote" aus dem fiktiven Beispiel herangezogen *(Tabelle 8)*.

Der Modalwert von 3 lässt sich als die am häufigsten besetzte Kategorie leicht erkennen. Neun Schülerinnen und Schüler haben die Mathematiknote 3 bekommen. Der Median hat in diesem Beispiel ebenfalls den Wert von 3 und der Mittelwert lässt sich wie folgt berechnen: $M_x = (1+1+2+2+2+2+3+3+3+3+3+3+3+3+3+4+4+4+5)/20 = 56/20 = 2,8$.

4.3.3 Streuungsmaße

Streuungsmaße beschreiben die Verteilung der Messwerte einer Variablen. Sie geben an, wie sehr sich Messwerte ausbreiten oder konzentrieren (Eid et al. 2010).

Spannweite Die Spannweite gibt dabei die Breite des Streubereiches an. Sie wird berechnet als die Differenz zwischen dem größten und dem kleinsten beobachteten Messwert. Bezogen auf die Mathematiknote im oben genannten Beispiel ist die Spannweite $5 - 1 = 4$. Bei der Spannweite können Ausreißer (= stark abweichende Messwerte) den Eindruck deutlich verzerren, deshalb wird manchmal mit dem *Interquartilabstand (IQA)* gearbeitet, der als Abstand zwischen dem dritten Quartil

(Q_{75}) und dem ersten Quartil (Q_{25}) definiert ist. Ein Quartil bezieht sich in der Verteilung auf jeweils 25 Prozent der beobachteten Messwerte. Das heißt: IQA = $Q_{75} - Q_{25}$.

Die am meisten verbreiteten Streuungsmaße sind die *Standardabweichung* und die *Varianz*. Sie setzen Intervallskalenniveau voraus. Die Standardabweichung (s) gibt an, wie weit die Messwerte um den Mittelwert streuen. Sind die Daten normal verteilt (d. h., die Verteilung entspricht der Gaußschen Glockenkurve), dann befinden sich etwa 68,3 Prozent aller Werte in einem Bereich von ± einer Standardabweichung um den Mittelwert und 95,5 Prozent aller Werte in einem Bereich von ± zwei Standardabweichungen um den Mittelwert (Zöfel 2003).

Standardabweichung

Um die Varianz zu berechnen, wird die Summe der quadrierten Abweichungen aller Messwerte vom Mittelwert gebildet und durch die Anzahl der Messwerte dividiert (Sedlmeier/Renkewitz 2013). Die Varianz ist das Quadrat der Standardabweichung. Die Standardabweichung ist also die Wurzel aus der Varianz.

Varianz

Obwohl es auch in unserem Beispiel noch möglich wäre, Varianz und Standardabweichung per Hand zu berechnen, soll aus Platzgründen darauf verzichtet werden. Alle gängigen Statistikprogramme beinhalten die Option, die Standardabweichung zu berechnen.

Bezogen auf die Mathenote ergibt sich in unserem fiktiven Beispiel bei einer Berechnung mit SPSS eine Standardabweichung von s = 1,01. Das entspricht einer Varianz von 1,02.

4.4 Bivariate Statistik

Bivariate statistische Analysen setzen zwei Variablen miteinander in Beziehung. Je nach Skalenniveau der Merkmalsausprägungen der beiden Variablen sind unterschiedliche statistische Verfahren angemessen.

Beziehung zwischen zwei Variablen

4.4.1 Kreuztabellen

Zwei Variablen, die nominal- oder ordinalskaliert sind, können durch eine Kreuztabelle miteinander in Beziehung gesetzt werden. Anhand der Kreuztabelle kann überprüft werden, ob es überzufällige Häufungen in einzelnen Kategorienkombinationen gibt.

Häufigkeitsvergleiche

Wenn z. B. die Lehrerin in unserem fiktiven Beispiel wissen wollte, ob Kinder mit unterschiedlichem familiärem Hintergrund ihre Schulleistungen gleich gut oder unterschiedlich gut einschätzen, könnte sie eine Kreuztabelle erstellen *(Tabelle 9)*.

Tab. 9: Kreuztabelle mit den Variablen akademischer familiärer Hintergrund und Einschätzung der eigenen Leistungen

akademischer familiärer Hintergrund	Einschätzung der eigenen Leistung			
	besser	gleich	schlechter	Gesamt
nein	2	2	0	4
ja, ein Elternteil	6	3	4	13
ja, beide Elternteile	0	3	0	3
Gesamt	8	8	4	20

Die Tabelle zeigt interessante Details. Es fällt auf, dass acht Kinder, also fast die Hälfte der Klasse, ihre Leistungen präzise einschätzen können. Ebenso viele Kinder überschätzen jedoch ihre eigenen Leistungen und nur vier Kinder unterschätzen ihre Leistungen. Kinder, die zwei Elternteile mit akademischen Abschlüssen haben, schätzen ausnahmslos ihre Leistungen richtig ein (es sind allerdings nur 3 Kinder). Auch Kinder, die keine Eltern mit akademischen Abschlüssen haben, schätzen ihre Leistungen zumindest nicht schlechter ein, als sie bewertet werden. Allerdings muss einschränkend dazu gesagt werden, dass die Zahl der betrachteten Fälle (20 Kinder, die sich auf neun Kategorien verteilen) eigentlich viel zu klein ist, um eine Kreuztabelle sinnvoll zu interpretieren: „Die erwarteten Häufigkeiten in den Feldern der Kreuztabelle müssen mindestens den Wert 5 haben; in 20 % der Felder sind Werte < 5 erlaubt" (Zöfel 2003, 185).

4.4.2 Chi-Quadrat-Test

Mithilfe des Chi-Quadrat-Tests kann überprüft werden, ob sich die Verteilung der Werte in einer Kreuztabelle systematisch von einer Gleichverteilung der Werte in den Kategorien unterscheidet. Zu diesem Zweck werden für jede Kategorie die erwarteten Häufigkeiten berechnet und diese mit den beobachteten Häufigkeiten verglichen.

Der Chi-Quadrat-Test erlaubt dann eine Aussage darüber, ob es signifikant auffällige Kategorienkombinationen gibt.

Obwohl es möglich ist, einen empirischen Chi-Quadrat-Wert auch per Hand zu berechnen und diesen mit einem theoretisch erwarteten Wert zu vergleichen, soll an dieser Stelle auf die computergestützte Auswertung mit SPSS zurückgegriffen werden.

Für das genannte Beispiel wird ein Chi-Quadrat-Wert von 7,31 erreicht, der im vorliegenden Beispiel für ein nicht signifikantes Ergebnis spricht, d. h. die zunächst auffälligen Kategorienkombinationen sind nicht bedeutsam. Hätte der Chi-Quadrat-Wert eine Höhe von >11,14 (Sedlmeier/Renkewitz 2013, 898), dann wäre das Ergebnis signifikant, allerdings bestünde immer noch das Problem mit der zu niedrigen Zellbesetzung. Bis zum Vorliegen einer Analyse, die auf einer größeren Stichprobenzahl basiert, dürften die Ergebnisse nur sehr vorsichtig interpretiert werden.

4.4.3 Korrelation

Mithilfe der Korrelationsanalyse kann die Stärke eines linearen Zusammenhangs zwischen zwei Variablen beschrieben werden. Die am häufigsten eingesetzte Korrelationsanalyse ist die Produkt-Moment-Korrelation nach Pearson.

bivariate Zusammenhänge

Voraussetzung für die Berechnung der Produkt-Moment-Korrelation nach Pearson ist, dass beide Variablen intervallskaliert sind. Andere Korrelationsverfahren (wie z. B. die Rangkorrelation nach Spearman oder Kendalls Tau) (Bortz/Schuster 2010) erfordern nur Ordinalskalenniveau, werden aber vergleichsweise wenig eingesetzt, weshalb an dieser Stelle nicht näher auf sie eingegangen wird.

Die Zusammenhänge zwischen den beiden Variablen einer Korrelationsanalyse können folgendermaßen beschrieben werden: „Je größer die eine Variable, desto größer die andere." Das entspricht einer positiven Korrelation. Ein negativer Zusammenhang zwischen zwei Variablen wird wie folgt beschrieben: „Je größer die eine Variable, desto kleiner die andere Variable."

positive vs. negative Korrelation

Korrelationen werden mit der Abkürzung r bezeichnet (r steht dabei für das englische Wort Relation = Zusammenhang) und können Werte zwischen -1 und 1 annehmen (-1 < r < 1). Ein negativer Wert spricht für eine negative Korrelation (je größer die eine Variable, desto kleiner die andere Variable) und ein positiver Wert für eine positive Korrelation (je größer die eine Variable, desto größer die andere Variable). Ein Wert von Null bedeutet, dass es keinen Zusammenhang zwischen den beiden Variablen gibt.

In unserem Beispiel könnte sich die Lehrerin beispielsweise den Zusammenhang zwischen der Deutschnote und der Note im Deutschaufsatz interessieren. Ein Streudiagramm könnte ihr einen ersten Eindruck über einen möglichen Zusammenhang geben *(Abb. 19)*.

Das Streudiagramm zeigt eine Häufung von Datenpunkten von links unten nach rechts oben. Dies spricht für einen positiven linearen Zusammenhang zwischen den beiden Variablen. Wird die Korrelation

146 Statistische Verfahren

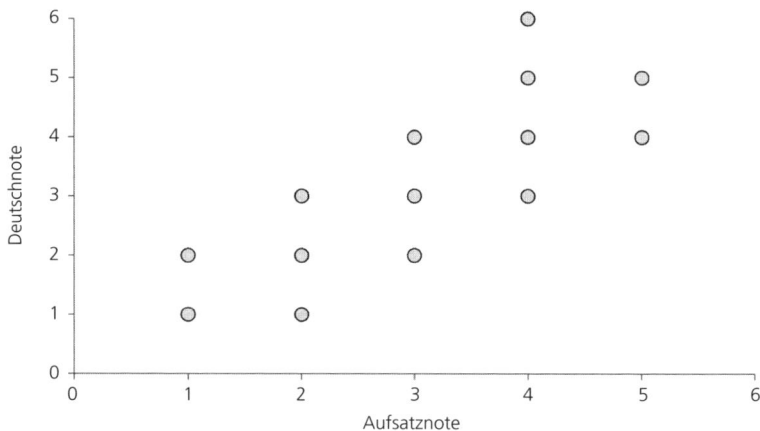

Abb. 19: Zusammenhang zwischen der Deutschnote und der Aufsatznote im fiktiven Beispiel (r = .73)

zwischen den beiden Variablen mithilfe von SPSS berechnet, ergibt sich ein Wert von r = .73. Dieser Wert spricht für einen starken Zusammenhang zwischen den beiden Variablen. Es ist jedoch unbedingt zu beachten, dass eine Korrelation zwischen zwei Merkmalen keine eindeutige Aussage über einen Ursache-Wirkungs-Zusammenhang zulässt. Für unser Beispiel heißt das, dass die Deutschnote nicht die Ursache für die Note im Deutschaufsatz ist. Der Zusammenhang zwischen diesen beiden Noten wird durch andere Variablen beeinflusst (wie z. B. die sprachlichen Fähigkeiten, die Grammatikkenntnisse, die Konzentrationsfähigkeit, die Phantasie oder die familiäre Umgangssprache).

4.4.4 Lineare und nicht-lineare Regression

lineare Zusammenhänge Korrelationen werden auch als lineare Regressionen zwischen zwei intervallskalierten Merkmalen beschrieben (Zöfel 2003). Diese linearen Zusammenhänge werden durch die Geradengleichung $y = b * x + a$ berechnet. Durch diese Berechnung lassen sich bei einem starken Zusammenhang die y-Werte der Merkmalsträger gut durch ihre x-Werte vorhersagen (Eid et al. 2010).

nicht-lineare Zusammenhänge Allerdings gibt es auch Zusammenhänge zwischen zwei intervallskalierten Daten, die nicht linear, sondern kurvilinear sind. Für solche Zusammenhänge sind Korrelationsanalysen ungeeignet, deshalb empfiehlt es sich immer, vor der Berechnung eines Korrelationskoeffizienten ein Streudiagramm mit den entsprechenden Merkmalszusammenhängen zu generieren.

Ein Beispiel für einen kurvilinearen Zusammenhang könnte sich bei der Betrachtung von Prüfungsängstlichkeit und Schulleistungen zeigen. Sowohl Schülerinnen und Schüler mit sehr hoher Prüfungsängstlichkeit als auch Schülerinnen und Schüler mit sehr niedriger Prüfungsängstlichkeit erzielen vermutlich schlechte Schulleistungen. Die erste Gruppe ist durch die Ängstlichkeit in der Prüfungssituation im Denken beeinträchtigt; die zweite Gruppe hat sich aufgrund der niedrigen Prüfungsängstlichkeit vermutlich nicht gründlich auf die Prüfungssituation vorbereitet. Die besten Schulleistungen erzielen in diesem Fall die Schülerinnen und Schüler mit mittlerer Prüfungsängstlichkeit.

4.5 Weitere hypothesentestende Verfahren

Immer wenn bisher von Signifikanz die Rede war (Chi-Quadrat-Test, Korrelationen) sind die Verfahren geeignet, Hypothesen zu Unterschieden oder Zusammenhängen zwischen einzelnen Variablen zu prüfen. Im Forschungsprozess werden Hypothesen aus Theorien oder alltagstheoretischen Überlegungen abgeleitet. Dabei ist es wichtig, Hypothesen so präzise zu formulieren, dass sie mithilfe der geplanten Untersuchung auch geprüft werden können. Annahmen über Zusammenhänge, Unterschiede oder Veränderungen ausgewählter Merkmale müssen formuliert werden.

Die Entscheidung, ob eine Hypothese wegen der Datenlage angenommen werden kann, wird aufgrund von Signifikanztests getroffen.

Signifikanz

„Hierzu errechnet man eine sog. Irrtumswahrscheinlichkeit P, die angibt, mit welcher Wahrscheinlichkeit man sich irren würde, wenn man die fragliche Hypothese akzeptiert" (Bortz 2005, 11).

Um eine Hypothese annehmen zu können, wird üblicherweise eine Irrtumswahrscheinlichkeit von fünf Prozent oder von ein Prozent gefordert (Bortz/Döring 2006). Allerdings ist mit der Berechnung der Irrtumswahrscheinlichkeit ein entscheidender Nachteil verbunden: Je größer der Stichprobenumfang, um so größer ist auch die Wahrscheinlichkeit, ein signifikantes Ergebnis zu erzielen. Minimale, praktisch unbedeutende Unterschiede oder Zusammenhänge können bei großen Stichprobenumfängen sehr schnell signifikant werden (schauen Sie sich unter diesem Gesichtspunkt einmal die PISA-Studien an). Deshalb ist man seit einigen Jahren dazu übergegangen, neben dem Signifikanzniveau auch noch die Effektgröße mitzuteilen.

Effektgröße Effektgrößen sagen etwas über die praktische Bedeutsamkeit der gefundenen Zusammenhänge, Unterschiede oder Veränderungen aus. Eine Tabelle zur Beurteilung der Effektgrößen der wichtigsten Signifikanztests findet sich bei Bortz und Döring (2006, 606).

Im Folgenden sollen noch zwei hypothesentestende Verfahren für die Untersuchung von Gruppenunterschieden dargestellt werden.

4.5.1 T-Test

Mittelwertvergleiche T-Tests werden üblicherweise eingesetzt, um zu überprüfen, ob sich die Mittelwerte in zwei unabhängigen Stichproben unterscheiden. Voraussetzungen für T-Tests sind: Intervallskalenniveau, Normalverteilung und gleiche Varianzen in beiden Stichproben. Allerdings sind T-Tests relativ robust gegenüber der Verletzung der Annahmen über die Verteilung der Populationswerte, es sei denn, die Stichproben sind sehr klein.

In unserem Beispiel könnte die Lehrerin untersuchen, ob Mädchen und Jungen sich hinsichtlich ihrer durchschnittlichen Mathematiknote signifikant voneinander unterscheiden. Sie berechnet anhand ihrer Tabelle eine Durchschnittsnote für Mathematik bei den Jungen (2,6) und eine Durchschnittsnote für Mathematik bei den Mädchen (3,0). Mithilfe eines T-Tests kann sie nun prüfen, ob dieser Unterschied signifikant ist. Dieser Test wird wiederum mit dem Statistikprogramm SPSS durchgeführt. Es zeigt sich, dass der Unterschied nicht signifikant ist (p > .05, d. h. die Irrtumswahrscheinlichkeit ist größer als fünf Prozent, wenn angenommen wird, dass der hier ermittelte Unterschied auch in der Gesamtpopulation gilt).

Gruppenunterschiede können gut durch Balkendiagramme veranschaulicht werden *(Abb. 20)*.

T-Tests werden häufig auch herangezogen, um Veränderungen hinsichtlich einer Variablen bei derselben Gruppe zu messen. Die Datengrundlage sind dann Messwiederholungen bezüglich eines Merkmales bei der gleichen Stichprobe. Deshalb wird auch von T-Tests bei abhängigen Stichproben gesprochen. Solche Tests werden besonders häufig in Evaluationsstudien eingesetzt.

Evaluation Nehmen wir an, die Lehrerin in unserem fiktiven Beispiel hätte in ihrer Klasse ein neues Trainingsprogramm eingesetzt, mit dem das Aufsatzschreiben trainiert werden soll.

Um den Erfolg des Programms zu testen, würde sie die Aufsatznoten der Schülerinnen und Schüler vor dem Training mit den Aufsatznoten nach dem Training vergleichen und auf systematische Unterschiede testen (T-Test für abhängige Stichproben). Wenn sich die Aufsatznoten nach dem Training signifikant verbessert haben, legt dies einen Erfolg des Trainingsprogramms nahe.

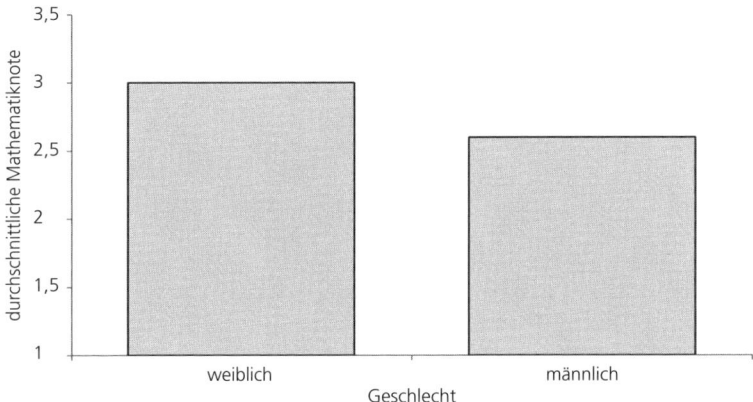

Abb. 20: Durchschnittliche Mathematiknoten von Mädchen und Jungen im fiktiven Beispiel

4.5.2 Einfaktorielle Varianzanalyse

Einfaktorielle Varianzanalysen dienen zum Vergleich von mehr als zwei Stichproben hinsichtlich ihrer Mittelwerte. Ebenso wie T-Tests haben Varianzanalysen eine Reihe von Voraussetzungen:

multiple Mittelwertvergleiche

1. Die Werte in allen untersuchten Stichproben sind normal verteilt.
2. Die untersuchten Stichproben haben die gleiche Varianz.
3. Die Daten in den verschiedenen Stichproben müssen unabhängig sein.

Wie der T-Test ist die einfaktorielle Varianzanalyse robust gegenüber möglichen Verletzungen der Voraussetzungen, wenn die Gesamtstichprobe groß ist und die untersuchten Stichproben möglichst ähnlich groß sind.

Auch in unserem fiktiven Beispiel kann es sinnvoll sein, eine Varianzanalyse zu berechnen. Wenn die Lehrerin wissen möchte, ob sich die drei Gruppen von Schülerinnen und Schülern, die sich in ihren Leistungen überschätzen, richtig einschätzen oder unterschätzen, systematisch hinsichtlich ihrer Aufsatznoten unterscheiden, kann sie zunächst einmal die Durchschnittsnoten für den Aufsatz bezogen auf die drei Gruppen berechnen. Kinder, die ihre eigene Leistung als besser einschätzen, haben im Aufsatz eine Durchschnittsnote von 3,5 bekommen (N=8), diejenigen, die ihre Leistungen richtig eingeschätzt haben, erzielten durchschnittlich eine Note von 2,5 (N=8) und Kinder, die ihre eigenen Leistungen als schlechter einschätzten, hatten eine Durchschnittsnote von

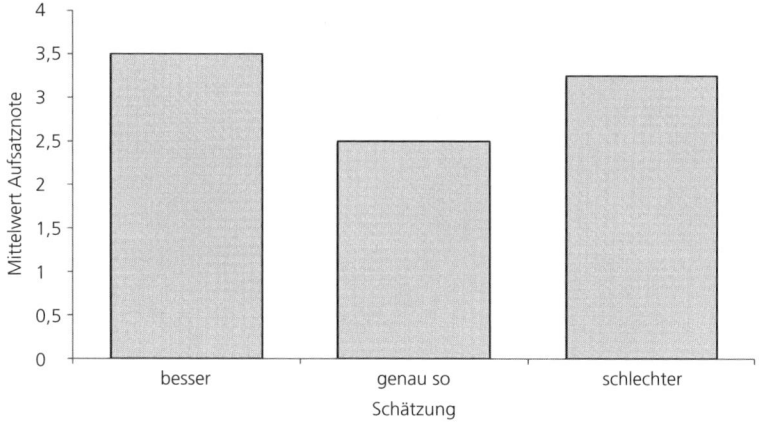

Abb. 21: durchschnittliche Aufsatznote in Abhängigkeit von der Leistungseinschätzung der Schülerinnen und Schüler im fiktiven Beispiel

3,25 (N=4). Insgesamt wird also deutlich, dass sich die leistungsstärkeren Kinder eher richtig einschätzen, während die leistungsschwächeren Schülerinnen und Schüler ihre Leistungen weniger gut einschätzen können. Zur Veranschaulichung soll ein weiteres Balkendiagramm *(Abb. 21)* dienen.

Bei der Berechnung des Signifikanzniveaus mit SPSS wird allerdings deutlich, dass die beschriebenen Unterschiede nicht signifikant sind ($p > .05$).

4.6 Metaanalysen

Bis vor wenigen Jahrzehnten war es noch üblich, die vorhandene empirische Literatur zu einem Themengebiet in Form eines Überblicksartikels (Review) zusammenzufassen. In so einem Überblicksartikel wurden der aktuelle Kenntnisstand und die Ergebnisse strukturiert vorgestellt; die Stärken und Schwächen der einzelnen Studien wurden diskutiert. Dies ist heute für die meisten Themengebiete nicht mehr möglich. Zu umfangreich ist die vorliegende Literatur, die Zahl der publizierten Studien ist zu groß, Auswahl und Gewichtung der in einem Überblicksartikel zu berücksichtigenden Studien wird zunehmend schwieriger. Aus diesem Grund werden immer häufiger Metaanalysen eingesetzt, um Studien zu einer Thematik zusammenzufassen und einen Überblick über den aktuellen Forschungsstand zu gewinnen (Bortz/Döring 2006).

Metaanalysen fassen quantitative Studien statistisch zusammen, die Ergebnisse werden auf einen Nenner gebracht, sie werden statistisch verdichtet. Bortz und Döring (2006) beschreiben Metaanalysen als eine statistische Effektgrößenschätzung. Mithilfe einer Metaanalyse wird versucht, dem durch viele Einzeluntersuchungen beschriebenen tatsächlichen Effekt nahezukommen. **Zusammenfassung quantitativer Studien**

Bei der Auswahl der Publikationen für eine Metaanalyse muss darauf geachtet werden, dass diese Publikationen statistische Mindeststandards erfüllen, dass vergleichbare Variablen untersucht wurden und dass sich die Publikationen auf unabhängige Stichproben beziehen. Wenn sich mehrere Publikationen auf eine Untersuchung mit der gleichen Stichprobe stützen, dürfen sie nicht als Einzelbefunde in die Metaanalyse eingehen. **statistische Mindeststandards**

Statistisch wird bei der Metaanalyse ein durchschnittlicher Effekt der Einzeluntersuchungen geschätzt. Dieser wird hinsichtlich seiner Signifikanz getestet und nach seiner Größe klassifiziert (Bortz/Döring 2006). **durchschnittlicher Effekt**

4.7 Schlussbemerkung

Statistische Verfahren haben in den letzten Jahren in der erziehungswissenschaftlichen Forschung zunehmend an Bedeutung gewonnen. Dazu haben nicht zuletzt die großen Schulleistungsvergleichsstudien (z. B. TIMSS und PISA) beigetragen. Aber auch bei der Betrachtung von Einzelfällen werden statistische Kenntnisse bedeutsam, wenn z.B. Leistungsdiagnosen oder Förderdiagnosen beurteilt werden müssen. **Relevanz**

In einem kurzen Kapitel zu statistischen Verfahren können viele Analysemethoden nur im Überblick dargestellt werden, für eine genauere Kenntnis der entsprechenden Verfahren ist es unabdingbar, sich mit Statistikbüchern zu beschäftigen. Ziel der Ausführungen war es, zentrale statistische Verfahren so darzustellen, dass sie auch für Laien verständlich werden. Wenn es gelungen ist, die Lektüre von empirischen Arbeiten zu erleichtern und die Logik der statistischen Aussagen zu erhellen, dann wurde das gesetzte Ziel erreicht. Für alle, die sich tiefer gehend mit dem einen oder dem anderen Verfahren beschäftigen möchten, stehen viele Statistikbücher zur Verfügung *(Kap. 4.10)*. Es lohnt sich bei der Lektüre, vergleichend in mehreren Büchern nachzulesen, da die Autorinnen und Autoren verschiedene Schwerpunkte gewählt haben und die Verständlichkeit und die Differenziertheit der Ausführungen je nach Verfahren auch innerhalb einer Publikation unterschiedlich sein kann. **vergleichende Lektüre**

4.8 Checkliste

❏ Welche Forschungsfragen oder Hypothesen sollen mit der Untersuchung geprüft werden? Sind die Fragen und Hypothesen so formuliert, dass sie prüfbar sind? Handelt es sich um Zusammenhangs-, Unterschieds- oder Veränderungshypothesen?

❏ Sind die interessierenden Merkmale oder Variablen so operationalisiert, dass sie Quantifizierungen erlauben? Nur wenn Quantifizierungen möglich sind, können Daten statistisch analysiert werden. Daten, die in anderer Form vorliegen (z. B. Video- oder Tonmaterial) müssen codiert oder kategorisiert werden, um für statistische Analysen zugänglich zu sein.

❏ Auf welchem Skalenniveau befinden sich die vorhandenen Daten? Das Skalenniveau der einzelnen Variablen bestimmt, welche statistischen Analysen mit dem vorliegenden Skalenniveau überhaupt möglich sind.

❏ Welche Verfahren sind zur Prüfung der spezifischen Hypothesen bei dem vorliegenden Skalenniveau angemessen? Aus dem Pool der prinzipiell möglichen Analysen auf dem jeweiligen Skalenniveau müssen diejenigen statistischen Verfahren gewählt werden, die geeignet sind, eine Entscheidung über die Annahme oder Zurückweisung der jeweiligen Hypothese zu treffen.

❏ Sind neben der Skalenqualität die weiteren Voraussetzungen für die intendierten Verfahren erfüllt? Viele statistische Verfahren haben spezifische Voraussetzungen. Nach der Auswahl des geeigneten Verfahrens muss geprüft werden, ob diese Voraussetzungen erfüllt sind (z. B. Normalverteilung, Varianzhomogenität usw.).

❏ Welche alternativen Verfahren müssen in Betracht gezogen werden? Sind verschiedene Voraussetzungen für die gewählten statistischen Verfahren nicht erfüllt, müssen alternative Verfahren gewählt werden. Diese sind meist für Daten mit einem niedrigeren Skalenniveau entwickelt.

❏ Muss eine Hypothese aufgrund der Datenanalyse verworfen werden? Gibt es alternative Erklärungen für das Ergebnis? Nicht bestätigte Hypothesen liefern wertvolle Informationen. Sie sind meist ebenso wichtig wie bestätigte Hypothesen, allerdings werden solche (oft enttäuschenden) Ergebnisse selten publiziert. Deshalb ist es besonders wichtig, solche unerwarteten und häufig auch unerwünschten Ergebnisse öffentlich zu machen und zu publizieren.

❏ Welche Konsequenzen können aus dem vorliegenden Ergebnis gezogen werden? Die Ergebnisse einer empirischen Studie können Aufschluss über die Gültigkeit und Reichweite einer dahinterliegenden Theorie geben. Manche Ergebnisse werden aber auch durch eine falsche oder schlechte Operationalisierung der Variablen bedingt sein. Anstöße für weiterführende Untersuchungen lassen sich fast immer erkennen. Nicht zuletzt sind viele Untersuchungen auch so interessant, dass sie Impulse für die pädagogische Praxis geben können.

4.9 Übungsaufgaben

Beschäftigen Sie sich noch ein wenig mit dem eingangs aufgeführten Beispiel:

Haben die Jungen oder die Mädchen besser im Deutschaufsatz abgeschnitten? Welches Verfahren setzen Sie ein, um dies zu prüfen? — **Aufgabe 1**

Berechnen Sie die prozentualen Häufigkeiten für jede Note im Deutschaufsatz. — **Aufgabe 2**

Welche Variablen würden Sie noch gerne erheben, um die Leistungsfähigkeit ihrer Klasse besser einschätzen zu können? — **Aufgabe 3**

Wie würden Sie diese Variablen erheben? — **Aufgabe 4**

Welches Skalenniveau haben die von Ihnen gewünschten Variablen? — **Aufgabe 5**

4.10 Literaturempfehlungen

Folgende Titel sind für eine vertiefende bzw. vergleichende Lektüre empfehlenswert:

Backhaus, K., Erichson, B., Plinke, W., Weiber, R. (2011): Multivariate Analysemethoden. Eine anwendungsorientierte Einführung.13. Aufl. Springer, Heidelberg

Bortz, J., Schuster, C. (2010): Statistik für Human- und Sozialwissenschaftler. 7. Aufl. Springer, Heidelberg

Rasch, B., Friese, M., Hofmann, W.J., Naumann, E. (2010): Quantitative Methoden, Band I und II. 3. Aufl. Springer, Heidelberg

Literatur

American Educational Research Association (AERA)/American Psychological Association (APA)/National Council on Measurement in Education (NCME) (1999): Standards for Educational and Psychological Testing. American Educational Research Association, Washington, DC

American Psychological Association (APA) (2000): Report of the Task Force on Test User Qualifications. Practice and Science Directorates American Psychological Association. Approved by the APA Council of Representatives August, 2000. In: www.apa.org/science/tuq.pdf, 17.7.2013

Ast, F. (1808): Grundlinien der Grammatik, Hermeneutik und Kritik. Thomann, Landshut

Atkinson, P.. Hammersley, M. (2007): Ethnography. Principles in Practice. 3rd. Ed. Routledge, London

Atteslander, P. (2003): Methoden der empirischen Sozialforschung. de Gruyter, Berlin

Backhaus, K., Erichson, B., Plinke, W., Weiber, R. (2011): Multivariate Analysemethoden. Eine anwendungsorientierte Einführung. 13. Aufl. Springer, Heidelberg

Beckermann, A. (2010): Einführung in die Logik. de Gruyter, Berlin

Benner, D. (2012): Allgemeine Pädagogik. Eine systematisch-problemgeschichtliche Einführung in die Grundstrukturen pädagogischen Denkens und Handelns. 7. Auflage. Juventa, Weinheim

Berelsen, B. (1952): Content Analysis in Communications Research. The Free Press, Glencoe

Bleeker, H., Mulderij, K. (1984): Im Rollstuhl sieht die Welt ganz anders aus – Wie körperbehinderte Kinder ihre Wohnumgebung erfahren. In: Lippitz, W., Meywer-Drawe, K. (Hrsg.): Kind und Welt – Phänomenologische Studien zur Pädagogik. Anton Hain, Königstein, 27–38

Boer, H. de , Reh, S. (Hrsg.) (2012): Beobachtung in der Schule – Beobachten lernen. VS Verlag, Wiesbaden

Bogner, A., Littig, B., Menz, W. (Hrsg.) (2009): Das Experteninterview. Theorie, Methode, Anwendung. 3. Aufl. Verlag für Sozialwissenschaften, Wiesbaden

Bohnsack, R. (2010): Gruppendiskussionsverfahren und dokumentarische Methode. In: Friebertshäuser, B., Langer, A., Prengel, A. (Hrsg.): Handbuch Qualitative Forschungsmethoden in der Erziehungswissenschaft. 3. Aufl. Juventa, Weinheim, 205–218

Bohnsack, R. (2008): Rekonstruktive Sozialforschung. Einführung in qualitative Methoden. 7. Aufl. Barbara Budrich, Opladen

Bohnsack, R. (2004): Gruppendiskussion. In: Flick, U., von Kardorff, E., Steinke, I. (Hrsg.): Qualitative Sozialforschung. Ein Handbuch. 3. Aufl. Rowohlt, Reinbek, 369–384

Bortz, J. (2005): Statistik für Human- und Sozialwissenschaftler. Springer, Heidelberg

Bortz, J., Döring, N. (2006): Forschungsmethoden und Evaluation für Human- und Sozialwissenschaftler. 4. Aufl. Springer Medizin Verlag, Heidelberg

Bortz, J., Schuster, C. (2010): Statistik für Human- und Sozialwissenschaftler. 7. Aufl. Springer Medizin Verlag, Heidelberg

Bos, W., Tarnai, C. (1999): Content Analysis in Empirical Social Research. International Journal of Educational Research, 31 (8), 659–671

Brähler, E., Holling, H., Leutner, D., Petermann, F. (2012): Brickenkamp Handbuch psychologischer und pädagogischer Tests 1+2. 3. Aufl. Hogrefe, Göttingen

Breidenstein, G. (2006): Teilnahme am Unterricht. VS Verlag, Wiesbaden

Breidenstein, G. (2012): Pädagogische Beobachtung. In: Boer de, H., Reh, S. (Hrsg.): Beobachtung in der Schule – Beobachten lernen. VS Verlag, Wiesbaden, 27–44

Brezinka, W. (1990): Grundbegriffe der Erziehungswissenschaft – Analyse, Kritik, Vorschläge. 5. Aufl. Ernst Reinhardt, München/Basel

Bryman, A. (2012): Social Research Methods. 4th ed. Oxford University Press, New York

Bühner, M. (2010): Einführung in die Test- und Fragebogenkonstruktion. 3. Aufl. Pearson-Studium, München

Calmbach, M., Thomas, P. M., Borchard, I., Flaig, B. (2012): Wie ticken Jugendliche? 2012: Lebenswelten von Jugendlichen im Alter von 14 bis 17 Jahren in Deutschland. Verlag Haus Altenberg, Düsseldorf

Carnap, R. (1959): Induktive Logik und Wahrscheinlichkeit, (bearb. v. Stegmüller, W.). Springer, Wien

Cloos, P., Thole, W. (Hrsg.) (2006): Ethnografische Zugänge: Professions- und AdressatInnenbezogene Forschung im Kontext von Pädagogik. Wiesbaden Verlag für Sozialwissenschaften, Wiesbaden

Cloos, P., Köngeter, S., Müller, B., Thole, W. (2007): Die Pädagogik der Kinder- und Jugendarbeit. VS Verlag, Wiesbaden

Danner, H. (2006): Methoden geisteswissenschaftlicher Pädagogik. Ernst Reinhardt, München/Basel

Depraz, N. (2012): Phänomenologie in der Praxis. Alber, Freiburg

Diekmann, A. (2007): Empirische Sozialforschung. Grundlagen, Methoden, Anwendungen. Rowohlt, Reinbek

Dilthey, W. (1990): Die geistige Welt. Ges. Schriften Bd. V. 8. Aufl. Vandenhoeck & Ruprecht, Stuttgart

Dilthey, W. (1924): Gesammelte Schriften. V. Band, Erste Hälfte. Teubner, Leipzig

Eid, M., Gollwitzer, M., Schmitt, M. (2010): Statistik und Forschungsmethoden. Beltz, Weinheim

Fellmann, F. (2009): Phänomenologie – Zur Einführung. Junius, Hamburg

Flick, U. (2007): Qualitative Sozialforschung. Eine Einführung, 3. Aufl. Rowohlt, Reinbek

Friebertshäuser, B., Kelle, H., Boller, H., Bollig, S., Huf, C., Langer, A., Ott, M., Richter, S. (Hrsg.) (2012): Feld und Theorie: Herausforderungen erziehungswissenschaftlicher Ethnographie. Barbara Budrich, Berlin

Friebertshäuser, B., Langer, A. (2010): Interviewformen und -praxis. In: Friebertshäuser, B., Langer, A., Prengel, A. (Hrsg.): Handbuch Qualitative Forschungsmethoden in der Erziehungswissenschaft, 3. Aufl. Juventa, Weinheim, 437–455

Friebertshäuser, B., Panagiotopoulou, A. (2010): Ethnographische Feldforschung. In: Friebertshäuser, B., Langer, A., Prengel, A. (Hrsg.): Handbuch Qualitative Forschungsmethoden in der Erziehungswissenschaft. 3. Aufl. Juventa, Weinheim, 301–322

Friedrichs, J. (1990): Methoden empirischer Sozialforschung. 14. Aufl. Westdeutscher Verlag, Opladen

Früh, W. (2011): Inhaltsanalyse. UVK, Konstanz

Gadamer, H.-G. (2010): Wahrheit und Methode. Ges. Werke 1. 7. Aufl. Mohr Siebeck, Tübingen

Geertz, G. (2003): Dichte Beschreibung. Beiträge zum Verstehen kultureller Systeme. Suhrkamp, Frankfurt am Main

Girtler, R. (2001): Methoden der Feldforschung. 4. Aufl., Böhlau, Wien

Gläser, J., Laudel, G. (2010): Experteninterviews und qualitative Inhaltsanalyse. 4. Aufl. VS Verlag, Wiesbaden

Goffman, E. (1973): Asyle. Über die soziale Situation psychiatrischer Patienten und anderer Insassen. Suhrkamp, Frankfurt am Main

Greve, W., Wentura, D. (1997): Wissenschaftliche Beobachtung: Eine Einführung. Beltz, Weinheim

Grondin, J. (2001): Einführung in die philosophische Hermeneutik. Darmstadt, WBG

Habermas, J. (2011): Theorie des kommunikativen Handelns. 8. Aufl. Suhrkamp, Berlin

Habermas, J. (1973): Erkenntnis und Interesse. 15. Aufl. Suhrkamp, Frankfurt am Main

Häcker, H., Leutner, D., Amelang, M. (1998): Standards für pädagogisches und psychologisches Testen. Hogrefe und Huber, Göttingen

Hattie, J., Beywl, W., Zierer, K. (2013): Lernen sichtbar machen. Schneider, Baltmannsweiler

Hedderich, J., Sachs, L. (2012). Angewandte Statistik. Springer, Berlin

Hegel, G. W. F. (1986): Werke in 20 Bänden. Bd. 3. Phänomenologie des Geistes. 12. Aufl. Suhrkamp, Frankfurt am Main

Heidegger, M. (1963): Sein und Zeit. Niemeyer, Tübingen

Heinzel, F., Thole, W., Cloos, P., Köngeter, S. (Hrsg.) (2010): „Auf unsicherem Terrain": Ethnographische Forschung im Kontext des Bildungs- und Sozialwesens. Verlag für Sozialwissenschaften, Wiesbaden

Helfferich, C. (2011): Die Qualität qualitativer Daten: Manual für die Durchführung qualitativer Interviews. 4. Aufl. Verlag für Sozialwissenschaften, Wiesbaden

Helsper, W. (2002): Lehrerprofessionalität als antinomische Handlungsstruktur. In: Kraul, M., Marotzki, W., Schweppe, C. (Hrsg.): Biographie und Profession. Klinhardt, Bad Heilbrunn, 64–102

Herbart, J. F. (2011): Umriß pädagogischer Vorlesungen. Wissenschaftliche Buchgesellschaft, Darmstadt

Holsti, O. R. (1969): Content Analysis for the Social Sciences and Humanities. Addison-Wesley Reading

Hopf, C. (2009): Qualitative Interviews – ein Überblick. In: Flick, U., von Kardorff, E., Steinke, I. (Hrsg.): Qualitative Sozialforschung. Ein Handbuch. 7. Aufl. Rowohlt, Reinbek, 349–360

Hünersdorf, B., Maeder, C., Müller, B. (Hrsg.) (2008): Ethnographie und Erziehungswissenschaft: Methodologische Reflexionen und empirische Annäherungen. Juventa, Weinheim

Husserl, E. (2008): Husserliana – Gesammelte Werke. Springer, Berlin

Jahoda von, M., Lazarsfeld, P. F., Zeisel, H. (1975): Die Arbeitslosen von Marienthal. Ein soziographischer Versuch über die Wirkungen langandauernder Arbeitslosigkeit. Suhrkamp, Frankfurt am Main

Jakob, G. (2010): Biographische Forschung mit dem narrativen Interview. In: Friebertshäuser, B., Langer, A., Prengel, A. (Hrsg.): Handbuch qualitative Forschungsmethoden in der Erziehungswissenschaft. 3. Aufl. Juventa, Weinheim, 219–233

Kant, I. (1986): Kritik der reinen Vernunft. Reclam, Stuttgart

Kersting, M. (2008): Qualität in der Diagnostik und Personalauswahl – Der DIN Ansatz. Hogrefe, Göttingen

Kersting, M. (2006): Zur Beurteilung der Qualität von Tests: Resümee und Neubeginn. Psychologische Rundschau, 57 (4), 243–253

Klafki, W. (1971): Hermeneutische Verfahren in der Erziehungswissenschaft. In: Klafki, W. (Hrsg.): Funk-Kolleg Erziehungswissenschaft. Erziehungswissenschaft 3. Eine Einführung. Beltz, Weinheim

König, E., Zedler, P. (1983): Einführung in die Wissenschaftstheorie der Erziehungswissenschaft. Schwann, Düsseldorf

Konrad, K. (2011): Mündliche und schriftliche Befragung. Ein Lehrbuch. 7. Aufl. Verlag empirische Pädagogik, Landau

Kracauer, K. (1952): The Challenge of Qualitativ Content Analysis. Public Opinion Quarterly 16 (4), 631–641

Krappmann, L., Oswald, H. (1995a): Alltag der Schulkinder. Juventa, Weinheim

Krappmann, L., Oswald, H. (1995b): Unsichtbar durch Sichtbarkeit. Der teilnehmende Beobachter im Klassenzimmer. In: Behnken, I., Jaumann, O. (Hrsg.): Kindheit und Schule. Kinderleben im Blick von Grundschulpädagogik und Kindheitsforschung. Juventa, Weinheim, 39–50

Kromrey, H. (2009): Empirische Sozialforschung. 12. Aufl. Lucius & Lucius, Stuttgart

Kron, F. W. (1999): Wissenschaftstheorie für Pädagogen. Ernst Reinhardt, München/Basel

Krüger, H.-H., Rauschenbach, T. (1994): Erziehungswissenschaft. Die Disziplin am Beginn einer neuen Epoche. Juventa, Weinheim

Kühn, T., Koschel, K.-V. (2011): Gruppendiskussionen. Ein Praxis-Handbuch. Verlag für Sozialwissenschaften, Wiesbaden

Kuhn, T. S. (2002): Die Struktur wissenschaftlicher Revolutionen. 2. Aufl. Suhrkamp, Frankfurt am Main

Lamnek, S. (2010): Qualitative Sozialforschung. Lehrbuch. 5. Aufl. Beltz, Weinheim

Lamnek, S. (2005): Qualitative Sozialforschung. Lehrbuch. 4. Aufl. Beltz, Weinheim

Lasswell, H. D. (1948): The Structure and Function of Communication. In: Bryson, L. (Hrsg.): The Communication of Ideas – A Series of Adresses. Harper & Brother, New York, 37–51

Lienert, G. A., Raatz, U. (1998): Testaufbau und Testanalyse. 6. Aufl. Psychologie Verlags Union, Weinheim

Lüders, C. (2004): Beobachten im Feld und Ethnographie. In: Flick, U., Kardorff von, E., Steinke, I. (Hrsg.): Qualitative Forschung. Ein Handbuch. Rowohlt, Reinbek, 384–401

Mayer, O. (2012): Interview und schriftliche Befragung: Grundlagen und Methoden empirischer Sozialforschung. Oldenbourg Wissenschaftsverlag, München

Mayring, P. (2010): Qualitative Inhaltsanalyse – Grundlagen und Techniken. 11. Aufl. Beltz, Weinheim

Mayring, P. (2002): Einführung in die qualitative Sozialforschung: Eine Anleitung zu qualitativem Denken. 5. Aufl. Beltz, Weinheim

Mayring, P., Hurst, A. (2005): Qualitative Inhaltsanalyse. In: Mikos, L., Wegener, C. (Hrsg.): Qualitative Methodenforschung. UVK, Konstanz, 436–444

McQueen, R. A., Knussen, C. (2013): Introduction to Research Methods and Statistics in Psychology. A Practical Guide for the Undergraduate Researcher. Pearson Education Limited, Harlow

Meuser, M., Nagel, U. (2010): Experteninterviews – wissenssoziologische Voraussetzungen und methodische Durchführung. In: Friebertshäuser, B., Langer, A., Prengel, A. (Hrsg.): Handbuch Qualitative Forschungsmethoden in der Erziehungswissenschaft. 3. Aufl. Juventa, Weinheim, 457–471

Meuser, M., Nagel, U. (1991): ExpertInneninterviews – vielfach erprobt, wenig bedacht. Ein Beitrag zur qualitativen Methodendiskussion. In: Garz, D., Kraimer, K. (Hrsg.): Qualitativ-empirische Sozialforschung. Westdeutscher Verlag, Opladen, 441–471

Moosbrugger, H., Höfling, V. (2011): Standards für psychologisches Testen. In: Moosbrugger, H., Kelava, A. (Hrsg.): Testtheorie und Fragebogenkonstruktion. 2. Aufl. Springer, Berlin, 203–224

Moosbrugger, H., Kelava, A. (Hrsg.) (2011): Testtheorie und Fragebogenkonstruktion. 2. Aufl. Springer, Berlin

Niemeyer, A. H. (1832): Grundsätze der Erziehung und des Unterrichts. Enßlin, Reutlingen

Pauli, C. (2012): Kodierende Beobachtung. In: Boer de, H., Reh, S. (Hrsg.): Beobachtung in der Schule – Beobachten lernen. VS Verlag, Wiesbaden, 45–63

Petermann, F., Petermann, U. (Hrsg.) (2011): Wechsler Intelligence Scale for Children. Manual 1 Grundlagen, Testauswertung und Interpretation. Übersetzung und Adaptation der WISC-IV von David Wechsler. Pearson Assessment und Information GmbH, Frankfurt am Main

Plöger, W. (2003): Grundkurs Wissenschaftstheorie für Pädagogen. Fink, Paderborn

Popper, K. (1984): Objektive Erkenntnis. Ein evolutionärer Entwurf. Hoffmann und Campe, Hamburg

Rasch, B., Friese, M., Hofmann, W. J., Naumann, E. (2010): Quantitative Methoden, Band I+II. 3. Aufl. Springer, Heidelberg

Rittelmeyer, C., Parmentier, M. (2007): Einführung in die pädagogische Hermeneutik. WBG, Darmstadt

Rosenthal, G., Fischer-Rosenthal, W. (2004): Analyse narrativ-biographischer Interviews. In: Flick, U., von Kardorff, E., Steinke, I. (Hrsg.): Qualitative Sozialforschung. Ein Handbuch. 3. Aufl. Rowohlt, Reinbek, 456–468

Rost, J. (2004): Lehrbuch Testtheorie – Testkonstruktion. 2. Aufl. Huber, Bern

Röttgers, K., Kohleberger, H. K. (1972): Dialektik. In: Ritter, J. (Hrsg.): Historisches Wörterbuch der Philosophie. Band 2. Schwabe, Basel, 187–194

Schleiermacher, F. D. E. (1977): Hermeneutik und Kritik. Hg. v. Frank, M. Suhrkamp, Frankfurt

Schäfer, G. E., Staege, R. (2010): Frühkindliche Lernprozesse verstehen: Ethnographische und phänomenologische Beiträge zur Bildungsforschung. Juventa, Weinheim

Schnell, R., Hill, P. B., Esser, E. (2011): Methoden der empirischen Sozialforschung. 9. Aufl. Oldenbourg, München

Scholl, A. (2009): Die Befragung. Sozialwissenschaftliche Methode und kommunikationswissenschaftliche Anwendung 2. Aufl. UVK, Konstanz

Schopenhauer, A. (1813): Über die vierfache Wurzel des Satzes vom zureichenden Grunde. Rudolstadt

Schülein, J. A., Reitze, S. (2012): Wissenschaftstheorie für Einsteiger. 3. Aufl. Facultas wuv, Wien

Schütze, F. (1983): Biographieforschung und narratives Interview. Neue Praxis 13 (3), 283–293

Sedlmeier, P., Renkewitz, F. (2013): Forschungsmethoden und Statistik. Ein Lehrbuch für Psychologen und Sozialwissenschaftler. Pearson, München

Seidel, T. (2003): Überblick über Beobachtungs- und Kodierungsverfahren. In: Seidel, T., Prenzel, M., Duit, R., Lehrke, M. (Hrsg.): Technischer Bericht zur Videostudie „Lehr-Lern-Prozesse im Physikunterricht". IPN, Kiel, 99–111

Seidel, T., Prenzel, M., Rimmele, R., Dalehefte, I. M., Herweg, C., Kobarg, M., Schwindt, K. (2006): Blicke auf den Physikunterricht. Ergebnisse der IPN Videostudie. Zeitschrift für Pädagogik, 52(6), 799–821

Seiffert, H. (1992): Einführung in die Hermeneutik. Die Lehre von der Interpretation in den Fachwissenschaften. Francke, Tübingen

Seipel, C., Rieker, P. (2003): Integrative Sozialforschung. Konzepte und Methoden der qualitativen und quantitativen empirischen Forschung. Juventa, Weinheim

Shell Deutschland Holding (Hrsg.) (2010a): 16. Shell Jugendstudie. Jugend 2010. Eine pragmatische Generation behauptet sich. Fischer TB, Frankfurt am Main

Shell Deutschland Holding (Hrsg.) (2010b): Fragebogen 16. Shell Jugendstudie. In: http://s03.static-shell.com/content/dam/shell/static/deu/downloads/youth-study-2010questionaire.pdf, 17.07.2013

Spradley, J. P. (1979): The Ethnographic Interview. Harcourt Brace Jovanovich College Publishers, Orlando

Spradley, J. P. (1980): Participant Observation. Holt/Rinehart/Winston, New York

Steinke, I. (2009): Gütekriterien qualitativer Forschung. In: Flick, U., von Kardorff, E., Steinke, I. (Hrsg.): Qualitative Sozialforschung. Ein Handbuch. 7. Aufl. Rowohlt, Reinbek, 319–331

Steinke, I. (1999): Kriterien qualitativer Forschung: Ansätze zur Bewertung qualitativ-empirischer Sozialforschung. Juventa, Weinheim

Testkuratorium (2010): TBS-TK – Testbeurteilungssystem des Testkuratoriums der Föderation Deutscher Psychologenvereinigungen. Revidierte Fassung vom 09. September 2009. Psychologische Rundschau, 61 (1), 52–56

Testzentrale (2012): TESTKATALOG 2012/13. Zu beziehen über:www.testzentrale.de/testkatalog-2012-13/, 22.7.2013

Tetens, H. (1999): Wissenschaft. In: Sandkühler, H. J. (Hrsg.): Enzyklopädie Philosophie. Band 2. Meiner, Hamburg, 1763–1773

Thole, W. (2010): Ethnographie des Pädagogischen. Geschichte, konzeptionelle Kontur und Validität einer erziehungswissenschaftlichen Ethnographie. In: Heinzel, F., Thole, W., Cloos, P., Köngeter, S. (Hrsg.): „Auf unsicherem Terrain": Ethnographische Forschung im Kontext des Bildungs- und Sozialwesens. Verlag für Sozialwissenschaften, Wiesbaden, 17–38

Toulmin, S. (1996): Der Gebrauch von Argumenten. Athenäum, Weinheim

Tschamler, H. (1996): Wissenschaftstheorie. Eine Einführung, 3. Aufl. Klinkhardt, Bad Heilbrunn

Veraart, A., Wimmer, R. (2008): Hermeneutik. In: Mittelstraß, J. (Hrsg.): Enzyklopädie Philosophie und Wissenschaftstheorie. Metzler, Stuttgart, 364–370

Weinberg, M. S., Williams, C. J. (1973): Soziale Beziehungen zu devianten Personen bei der Feldforschung. In: Friedrichs, J. (Hrsg.): Teilnehmende Beobachtung abweichenden Verhaltens. Enke, Stuttgart, 83–108

Witzel, A. (2000): Das problemzentrierte Interview. Forum Qualitative Sozialforschung/Forum: Qualitative Social Research, 1. In: www.qualitative-research.net/index.php/fqs/article/view/1132, 17.7.2013

Witzel, Andreas (1985): Das problemzentrierte Interview. In: Jüttemann, G. (Hrsg.): Qualitative Forschung in der Psychologie. Grundfragen, Verfahrensweisen, Anwendungsfelder. Beltz, Weinheim, 227–255

Zahavi, D. (2007): Phänomenologie für Einsteiger. W. Fink, München

Zierer, K. (2011): Kritisch-konstruktive Überlegungen zur Systematik erziehungswissenschaftlicher Forschungsmethoden in Evaluationsprojekten. Pädagogische Rundschau, 94 (6), 637–645

Zierer, K., Ertl, H., Phillips, D., Tippelt, R. (2013): Das Publikationsaufkommen der Zeitschrift für Pädagogik im deutsch-englischen Vergleich. Zeitschrift für Pädagogik, 59 (3), 400–424

Zinnecker, J. (1995): Pädagogische Ethnographie. Ein Plädoyer. In: Behnken, I., Jaumann-Grauman, O. (Hrsg.): Kindheit und Schule. Kinderleben im Blick von Grundschulpädagogik und Kindheitsforschung. Juventa, Weinheim, 21–38

Zinnecker, J. (2000a): Pädagogische Ethnographie. Zeitschrift für Erziehungswissenschaft, 3(3), 381–400

Zinnecker, J. (2000b): Soziale Welten von Schülern und Schülerinnen. Über populäre, pädagogische und szientifische Ethnographien. Zeitschrift für Pädagogik, 46 (5), 667–690

Zöfel, P. (2003): Statistik für Psychologen im Klartext. Pearson, München

Sachregister

Analyseeinheit 96, 123, 126
Antinomie 43, 49
Befragung 62–79
–, Face to Face 69
–, Formen der 64–70
–, Fragbogenkonstruktion 74–75
–, Grenzen 73f.
–, Instrumente 70–72, 74–76
–, internetbasiert 70
–, Leitfaden 65f., 76
–, mündliche 68f.
–, schriftliche 68f.
–, Standardisierung der 64–68
–, telefonische 69f.
Beobachtung 79–101
–, ethnographische 81–83
–, Feldbeobachtung 84, 86
–, Feldtagebuch 90f.
–, Feldnotizen 90–92
–, Formen 84–86
–, Laborbeobachtung 84, 86
–, naive 84
–, nicht teilnehmend 84, 86
–, offene 84–86
–, Phasen 88f.
–, Protokollierung 89–92
–, standardisierte 81, 84f.
–, strukturierte 84f., 87f.
–, teilnehmende 82–84, 86
–, unstrukturierte 84f., 88
–, verdeckte 84–86
–, Verhaltensregeln 88f., 93f., 97f.
–, wissenschaftliche 84
Beschreiben 35f.
Chi-Quadrat-Test 144f.
Dialektik 40–49
–, These 41–49
–, Antithese 41–49
–, Synthese 41–49

Effektgröße 148f.
Erklären 23
Ethnozentrismus 86
Evaluation 148
Forschungsprozess 51–62
–, Phasen 54–61
–, qualitativer 52f., 54
–, quantitativer 52f., 54
–, zirkulärer 52, 54, 88
Fragen 71
–, geschlossene 71
–, hybride 71f.
–, offene 71
Fragestellung 56
Going Native 86
Gruppendiskussion 67f.
Gütekriterien 18, 19, 25f., 36, 45, 50, 62, 72f., 80f., 83, 92f., 101f., 105, 109, 112, 117, 123, 126, 127f., 131
–, Argumentative Interpretationsabsicherung 73, 127
–, Intersubjektivität/intersubjektive Nachprüfbarkeit 25f., 36f.
–, Kommunikative Validierung 73, 128
–, Nähe zum Gegenstand 73, 128
–, Objektivität 26, 37, 72, 81, 83, 85, 93f., 105, 109f., 113, 128
–, Regelgeleitetheit 73, 128
–, Reliabilität 26, 37, 72, 83, 85, 87, 93f., 96, 108–111, 114f., 122, 128–130
–, Reproduzierbarkeit 128
–, Triangulation 73, 128
–, Validität 26, 37, 72, 104f., 109, 111f., 114f., 122, 130
–, Verfahrensdokumentation 73, 127
Hermeneutik 19–30
–, Spirale 24f.
–, Zirkel 24
Hypothese 147

Sachregister

Inhaltsanalyse 116–134
–, diagnostisch 120, 131
–, formal-deskriptiv 120, 131
–, Formen 121–124
–, methodisches Vorgehen 124–127
–, qualitativ 117f., 121–123, 127f., 130–134
–, quantitativ 117f., 121–123, 128–134, 135
–, prognostisch 120, 131
Interview 64–69
–, erzählgenerierendes 67
–, Experteninterview 66
–, leitfadengestütztes 65f.
–, narratives 67
–, problemzentriertes 66
Irrtumswahrscheinlichkeit 147
Kategoriensystem, deduktiv 124, 131
–, exklusiv 125, 131
–, induktiv 124, 131
–, trennscharf 125, 131
–, vollständig 125, 131
Korrelation 145–147
Kreuztabelle 143f.
Lasswell-Formel 117, 119
Literaturrecherche 53f.
Median 141
Messen 137
Metaanalysen 150f.
Methode 10–17
–, empirisch 16f.
–, erziehungswissenschaftlich 15f.
–, nicht-empirisch 16f.
–, wissenschaftlich 14f.
Mittelwert 139, 141f.
Modalwert 140f.
Phänomen 31, 33, 35
Phänomenologie 30–39

–, Einstellung
–, Wesensschau, -erfassung 33f., 25–39
Regression 146f.
Reliabilitätstest 129
–, nach Cohen 129
–, nach Holsti 129
Sample 56f.
Signifikanz 147
Skalenniveau 138f.
Standardabweichung 143
Statistik 135f.
–, deskriptive 135, 140f.
–, Inferenz 135
–, univariat 140f.
Stichprobe 56f.
–, Teilerhebung 56f.
–, Vollerhebung 56f.
Streudiagramm 145f.
Test 101–116
–, Formen 105f.
–, Konstruktion von 106, 108
–, Leistungstest 105
–, Persönlichkeits-Entfaltungsverfahren 106
–, psychologischer Persönlichkeitstest 105f.
–, T-Test 148
Theorie 56
–, Befragungen 63f.
–, Klassische Testtheorie 104
–, Prohabilistische Testtheorie 104f.
–, Schweinwerfertheorie 27, 32, 38
Variablen 137
–, abhängige 137
, unabhängige 137
Varianz 143
Varianzanalyse 149f.
Verstehen 21–26
Wissenschaft 14f.

Leseprobe

**Heinz-Günter Micheel:
Quantitative empirische Sozialforschung**

1 Ziel und Forschungsprozess
1.1 Ziel empirischer Sozialforschung

Das primäre Ziel von quantitativer empirischer Sozialforschung ist die Erklärung von sozialen Sachverhalten. Weitere Ziele sind die Exploration und Beschreibung sozialer Sachverhalte. Diese Ziele der Exploration, Beschreibung und Erklärung sozialer Sachverhalte beziehen sich auf die Ebene von Aggregaten und nicht auf einzelne Individuen.

1.1.1 Exploration

Exploration als eigenständiges wichtiges Ziel „quantitativer" Sozialforschung zu benennen, entspricht der vorherrschenden Forschungspraxis, jedoch wird ihre reale Bedeutung in der empirischen Sozialforschung in der deutschsprachigen sozialwissenschaftlichen Methodenliteratur nicht immer ausreichend gewürdigt. Explorative Studien werden in den Sozialwissenschaften vielfältig angewandt. Ein exploratives Vorgehen wählt man, wenn das Forschungsfeld nicht hinreichend bekannt oder gänzlich unbekannt ist. Das Forschungsfeld muss in solch einem Fall zuerst erkundet werden, um mehr oder weniger systematisch Informationen zu sammeln, die anschließend zur Beschreibung sozialer Sachverhalte oder zur Formulierung von Forschungsfragen sowie von Hypothesen verwendet werden können. Explorative Studien verwendet man sehr oft dazu, soziale Sachverhalte besser zu verstehen, aber auch um neue Methoden, Konzepte und Theorien zu entwickeln. Die Exploration kann hierbei das alleinige Ziel sein, häufig wird sie aber in Verbindung mit weiterführenden Studien durchgeführt, in denen es um die Beschreibung sozialer Sachverhalte und/oder deren Erklärung geht. Explorationen werden dabei auch als Vorstudien durch-

www.reinhardt-verlag.de

geführt, aber da sich Forschungsprozesse in der Praxis selten streng an systematischen Vorgaben orientieren, sondern eher komplex und iterativ sind, werden in der empirischen Sozialforschung Exploration, Beschreibung und Erklärung sinnvollerweise sehr oft wechselseitig miteinander kombiniert.

1.1.2 Beschreibung sozialer Sachverhalte

Soziale Sachverhalte zu beschreiben, ist wohl die häufigste Form angewandter empirischer Sozialforschung. Im Mittelpunkt solcher Untersuchungen stehen die vier „W-Fragen": „was", „wer", „wo" und „wie". Was sind die von Müttern gewünschten Betreuungszeiten in Kindergärten bzw. Kindertagesstätten? Wer bezieht Sozialhilfe in Deutschland? Wo finden sich die meisten verarmten Haushalte in Deutschland? Wie ist die soziale Lage von alleinerziehenden Frauen in Deutschland? Die Antworten geben uns Sozialstatistiken, Sozialberichte und Sozialsurveys, die mit Methoden der quantitativen empirischen Sozialforschung von Behörden im Rahmen der amtlichen Statistik oder durch die Wissenschaft erstellt werden.

Sehr oft lassen sich explorative und beschreibende Studien nicht voneinander trennen: Fragen, wie sich Bevölkerungsteile voneinander nach Milieus, Lebensstilen oder Lebenslagen abgrenzen lassen, waren in den letzten Jahren in der empirischen Sozialforschung sehr populär. Die Ergebnisse solcher Studien sind Beschreibungen, z. B. die prozentualen Anteile unterschiedlicher soziokultureller Milieus an der Bevölkerung. Die Abgrenzung der Milieus voneinander und die Bestimmung der Anzahl der Milieus kann jedoch nur, da unbekannt, explorativ ermittelt werden. So lassen sich z. B. Milieus von Jugendlichen danach beschreiben, wie hoch der Anteil von delinquenten Jugendlichen in den einzelnen Milieus ist.

1.1.3 Erklärung sozialer Sachverhalte

Die Frage, warum es in bestimmten Milieus vermehrt delinquente Jugendliche gibt, unterscheidet sich von den vier „W"-Fragen der Be-

www.reinhardt-verlag.de

schreibung sozialer Sachverhalte. Sie zielt nicht auf eine bloße Beschreibung eines Sachverhaltes ab, sondern hat eine Erklärung zum Ziel. Erklärung bedeutet hier, Gründe (Ursachen) anzugeben, die für einen bestimmten sozialen Sachverhalt (Wirkung) verantwortlich sind. Um soziale Sachverhalte zu erklären, ist daher immer eine „Warum"-Frage notwendig, d.h. die Frage nach den Gründen, die etwas verursacht haben. Das Ziel ist hierbei die Überprüfung von Theorien über mögliche Zusammenhänge zwischen Ursachen und Wirkungen. Will man eine Theorie überprüfen, muss man entsprechende Hypothesen, d.h. Kausalaussagen aufstellen, in denen der Zusammenhang benannt ist, die dann in der Forschung überprüft werden können. Mit Hypothesen werden kausale Beziehungen, d.h. Ursache-Wirkungs-Verhältnisse überprüft (Kap. 3.5).
Neben der Exploration, Beschreibung und Erklärung wird teilweise auch in der Prognose von sozialen Sachverhalten ein eigenständiges Ziel empirischer Sozialforschung gesehen. Prognosen sind ein unterschätztes Ziel in der empirischen Sozialforschung. Prognosen beziehen sich auf das (noch nicht stattgefundene) Eintreten von uns interessierenden Sachverhalten. Sehr oft ist dieses Interesse auf zukünftige Entwicklungen ausgerichtet, z.B.: Wie viele Betreuungsplätze für Kinder von drei bis sechs Jahren brauchen wir im Jahr 2015? Aber auch die Antwort auf folgende Frage ist eine Prognose: Was wäre, wenn es weniger statt mehr erzieherischer Maßnahmen für delinquente Jugendliche geben würde? Wäre dann mit einer höheren oder niedrigeren Rückfallwahrscheinlichkeit zu rechnen? Beides, Prognosen und Erklärungen, sind Wahrscheinlichkeitsschätzungen anhand von Kausalmodellen, und sie stehen in einem engen Verhältnis zueinander. Statistische Wahrscheinlichkeiten sind gleichzeitig immer auch Prognosen. Und somit unterliegen sowohl Erklärungen als auch Prognosen – aus analytisch-nomothetischer Sichtweise – der gleichen Logik (dazu Kapitel 3.5). Prognosen kann man demnach als Spezialfall von Erklärungen ansehen.

reinhardt
www.reinhardt-verlag.de

1.1.4 Evaluation

Teilweise werden auch Evaluationen – präziser wäre hier Evaluationsforschungen – wie Explorationen, Beschreibungen, Erklärungen und Prognosen als Ziel von empirischer Sozialforschung genannt. Dies führt eher zu Missverständnissen, da Evaluationsforschung nur eine spezielle Untersuchungsform ist, in der es um die Überprüfung und Bewertung insbesondere politisch-administrativer Programme anhand von Beschreibung und/oder Erklärung geht. Der Evaluationsforschung ist das Kapitel 10 gewidmet.

Leseprobe (S. 13 – S. 15) aus:

Heinz-Günter Micheel
Quantitative empirische Sozialforschung
(Studienbücher für soziale Berufe; 10)
2010. 188 Seiten. 37 Abb. 34 Tab.
UTB-L (978-3-8252-8439-8) kt

www.reinhardt-verlag.de

Basislektüre für Studierende

Helmut Danner
Methoden geisteswissenschaftlicher Pädagogik
Einführung in Hermeneutik,
Phänomenologie und Dialektik
5., überarb. und erw. Auflage 2006.
272 Seiten. 28 Abb.
UTB-S (978-3-8252-0947-6) kt

Dieses Buch führt grundlegend in die Hermeneutik, Phänomenologie und Dialektik ein. Der Autor erläutert zentrale Begriffe, Grundgedanken und Möglichkeiten für die Arbeit mit den Methoden. Das geschieht auf einer allgemein philosophischen Ebene sowie anhand von Originaltexten und deren Interpretation. Zahlreiche Abbildungen und Übersichten veranschaulichen die Inhalte zusätzlich. Eine unverzichtbare Basislektüre für Studierende aller geisteswissenschaftlichen Fachrichtungen!

ℝ/ reinhardt
www.reinhardt-verlag.de

Statistik – leicht gemacht!

Rainer Leonhart
Psychologische Methodenlehre/ Statistik
2008. 187 Seiten. 40 Abb. 21 Tab.
Mit 64 Übungsfragen.
Innenteil zweifarbig.
UTB-basics (978-3-8252-3064-7) kt

Oftmals ein ungeliebtes Fach – aber fundierte Kenntnisse der Statistik und empirischer Methoden sind für angehende PsychologInnen unverzichtbar! Dieses Basislehrbuch vermittelt die Grundlagen in kompakter Form und hilft beim Pauken für die Prüfung. Die Zusammenstellung und Vermittlung des Lehrstoffes ist insbesondere für Bachelor-Studiengänge geeignet.

www.reinhardt-verlag.de

Prüfungsfragen jetzt auch als App!

Margit Stein
Allgemeine Pädagogik
2., überarb. Aufl. 2013. 174 Seiten.
14 Abb. 25 Tab. Innenteil zweifarbig.
UTB-basics (978-3-8252-4057-8) kt

Grundbegriffe, Forschungsfelder und wissenschaftliche Methodik der Allgemeinen Pädagogik werden in diesem Buch verständlich dargestellt. Erziehung, Bildung und Lernen werden definiert und im Zusammenhang mit aktuellen gesellschaftlichen Entwicklungen und erziehungswissenschaftlicher Forschung vorgestellt. Ein Blick auf die AdressatInnen von Bildung und Erziehung und ein Überblick über die Forschungsmethoden runden diese umfassende Einführung für Studierende ab.

Margit Stein
Interaktives Training Allgemeine Pädagogik
Erziehung, Bildung, Lernen, Sozialisation
Mit 273 Lernfragen.
E-Learning-Software zum Lehrbuch „Allgemeine Pädagogik".

Erhältlich über den iTunes-Store und über GooglePlay!

www.reinhardt-verlag.de

Keine Angst vor Unterschieden

Tanja Sturm
Lehrbuch Heterogenität in der Schule
2013. 181 Seiten. 15 Abb.
UTB-M (978-3-8252-3893-3) kt

Tanja Sturm
Interaktives Training Heterogenität in der Schule
Behinderung, Geschlecht, sozio-ökonomischer Status, Migration
Mit 200 Lernfragen.
E-Learning-Software zum „Lehrbuch Heterogenität in der Schule"
Erhältlich über den iTunes-Store und über GooglePlay!

Soziokulturelles Umfeld, Geschlecht, Migration und Behinderung – wie kann es Lehrkräften gelingen, SchülerInnen mit unterschiedlichen Ausgangslagen gleichermaßen zu fördern und zu fordern?
Die Autorin diskutiert die Entstehung sowie die Folgen von Heterogenität in der Schule und gibt konkrete Anregungen für eine gelingende Unterrichtspraxis in heterogenen Gruppen.
Neben Ausführungen zur Methodik und Didaktik gibt die Autorin auch Hinweise zur unterrichtlichen Diagnostik.

www.reinhardt-verlag.de

Ideal für die Prüfungsvorbereitung

Friedrich W. Kron
Grundwissen Didaktik
5., überarb. Aufl. 2008.
266 Seiten. 35 Abb. 18 Tab.
UTB-L (978-3-8252-8073-4) kt

Dieses Lehrbuch bietet eine verständlich geschriebene, wissenschaftliche Grundlegung der Didaktik für Schule und außerschulische Bildungsbereiche. Zentral sind die Kapitel über didaktische Theorien, Modelle und Konzepte sowie über Lerntheorien. Die vorliegende Auflage wurde erweitert um Hinweise auf Curricula und Standards für das Studium der Erziehungswissenschaft.
Das Lehrbuch eignet sich hervorragend als Informationsquelle und Nachschlagewerk für Prüfungsvorbereitungen.

℞ reinhardt
www.reinhardt-verlag.de

Bereits in 8. Auflage!

F. W. Kron / E. Jürgens / J. Standop
Grundwissen Pädagogik
8., aktual. Aufl. 2013.
400 Seiten. 29 Abb. 12 Tab.
UTB-L (978-3-8252-8550-0) kt

Dieses mittlerweile in der 8. Auflage erscheinende Lehrbuch gehört zu den etablierten Standardwerken der Pädagogik mit Prüfungsrelevanz für alle erziehungswissenschaftlichen Studiengänge. Seit vielen Jahren erfolgreich und in mehrere Sprachen übersetzt, führt es in die Grundlagen der Pädagogik ein. Es eignet sich für wissenschaftliches Arbeiten, für das Selbststudium, als Repetitorium und Nachschlagewerk.

www.reinhardt-verlag.de

Bereits in 6. Auflage!

B. Biermann / E. Bock-Rosenthal /
M. Doehlemann / K.-H. Grohall /
D. Kühn
Soziologie
Studienbuch für soziale Berufe
(Studienbücher für soziale Berufe; 4)
6. Aufl. 2013. 448 Seiten.
Zahlr. Abb. und Tab.
UTB-L (978-3-8252-8514-2) kt

Soziologische Begriffe und Theorien beweisen ihren Nutzen am ehesten in der Anwendung auf Fragen des sozialen Alltags. Als Einführung in die Soziologie – speziell für SozialpädagogInnen und andere Studiengänge mit sozialen Bezügen – bietet dieser Band eine fundierte und systematische Darstellung wichtiger gesellschaftlicher Problemfelder: Sozialisation und Familie, Jugend und Alter, Abweichung und Kriminalität, soziale Ungleichheiten und Konflikte. Ein Überblick über soziologische Denkrichtungen bietet die notwendige Klammer für die Vielfalt der Fragestellungen.

reinhardt
www.reinhardt-verlag.de

Sinnvoll konfrontieren

Rainer Kilb / Jens Weidner
Einführung in die Konfrontative Pädagogik
Mit einem Beitrag von Manfred Oster
2013. 158 Seiten. 5 Abb. 4 Tab.
UTB-S (978-3-8252-3868-1) kt

Die Konfrontative Pädagogik ist als sozialpädagogischer Handlungsansatz mittlerweile etabliert. Sie steht für eine Vorgehensweise, die gewalttätige Kinder und Jugendliche mit ihren Regelverletzungen konfrontiert und eine Beschäftigung mit den Tatfolgen sowie den Opfern einfordert. Im Mittelpunkt stehen dabei spezifische Gesprächstechniken und Anti-Aggressivitäts- bzw. Coolness-Trainings.
Das Lehrbuch stellt die wichtigsten methodischen Ansätze vor und verortet sie im Spektrum aktueller Konflikt- und Gewalttheorien. Anwendungsfelder einer „konfrontativen Praxis" werden beschrieben und Evaluationsergebnisse skizziert.

www.reinhardt-verlag.de

Was können Intelligenztests leisten?

Franzis Preckel / Matthias Brüll
Intelligenztests
2008. 98 Seiten. Innenteil zweifarbig.
UTB-Profile (978-3-8252-3027-2) kt

Das Autorenduo beschreibt die bekanntesten Intelligenztests und einige neuere Verfahren, geht auf deren Stärken und Schwächen ein und skizziert Anwendungsmöglichkeiten der IQ-Tests. Anhand von Beispielen werden praxisrelevante Fragen beantwortet: Was ist Intelligenz? Welche Tests sind zur Messung geeignet? Wie bewertet man Tests und deren Ergebnisse? Und wie geht man mit diskrepanten Befunden aus verschiedenen Tests um? Ein verständlicher Überblick für Studierende der Psychologie und Pädagogik.

www.reinhardt-verlag.de

Psychologische Tests verstehen und beurteilen

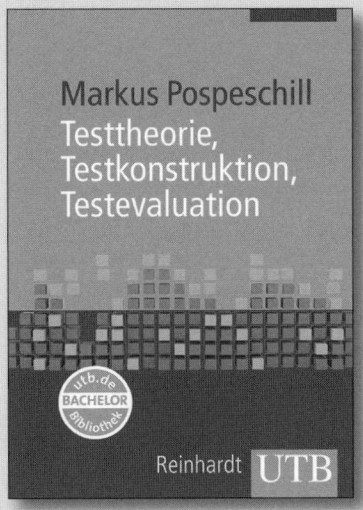

Markus Pospeschill
**Testtheorie, Testkonstruktion,
Testevaluation**
2010. 246 Seiten. 71 Abb.
Mit 77 Fragen zur Wiederholung.
UTB-M (978-3-8252-3431-7) kt

Die Theorie, Planung und Überprüfung von Tests ist ein wichtiger, prüfungsrelevanter Bereich im Psychologiestudium. Auch in der späteren Praxis ist es unverzichtbar, Tests richtig anwenden und in ihrem Ergebnis beurteilen zu können. Dieses Buch gibt Studierenden eine verständliche und fundierte Einführung in Kriterien wissenschaftlicher Testgüte, Testentwicklung und Itemkonstruktion, klassische und probabilistische Testtheorie, Testevaluation und Interpretation von Testresultaten. Vertiefende Kapitel beschreiben u. a. den Einsatz von Statistik-Software und die Durchführung von Faktorenanalysen.

www.reinhardt-verlag.de

Welche Diagnostikinstrumente gibt es?

Claudia Quaiser-Pohl /
Heiner Rindermann
Entwicklungsdiagnostik
Unter Mitarbeit von A. Born, C. Geiser,
K. A. Heller, I. Jüling, A. Köhler,
V. Kwiatkowski und W. Lehmann.
2010. 333 Seiten. 28 Abb. 21 Tab.
UTB-M (978-3-8252-2880-4) kt

Wie stellt man fest, ob sich Kinder altersgemäß entwickeln? Die Psychologie stellt dafür zahlreiche Test-Verfahren und Screenings bereit.
Dieses Lehrbuch gibt einen Überblick über (test-)theoretische und methodische Grundlagen sowie die wichtigsten Instrumente der Entwicklungsdiagnostik. Die Autoren führen in gängige Screening-Verfahren für Säuglinge und Kleinkinder ein und stellen die wichtigsten allgemeinen Entwicklungstests für die anschließenden Altersgruppen vor.

reinhardt
www.reinhardt-verlag.de